新时期高校管理问题研究

陈美中 著

中国书籍出版社
China Book Press

图书在版编目（CIP）数据

新时期高校管理问题研究/陈美中著. -- 北京：中国书籍出版社，2023.6

ISBN 978-7-5068-9462-3

Ⅰ.①新… Ⅱ.①陈… Ⅲ.①高校管理—研究 Ⅳ.①G647

中国国家版本馆 CIP 数据核字 (2023) 第 109247 号

新时期高校管理问题研究

陈美中　著

责任编辑	李　新
装帧设计	李文文
责任印制	孙马飞　马　芝
出版发行	中国书籍出版社
地　　址	北京市丰台区三路居路 97 号（邮编：100073）
电　　话	（010）52257143（总编室）（010）52257140（发行部）
电子邮箱	eo@chinabp.com.cn
经　　销	全国新华书店
印　　刷	天津和萱印刷有限公司
开　　本	710 毫米 ×1000 毫米　1/16
字　　数	215 千字
印　　张	13
版　　次	2023 年 9 月第 1 版
印　　次	2023 年 9 月第 1 次印刷
书　　号	ISBN 978-7-5068-9462-3
定　　价	72.00 元

版权所有　翻印必究

前 言

随着信息技术的飞速发展,高等教育的演进也不可避免地受到了较大的影响,高校校园内部空间所呈现出的一系列新问题、新变化和新现象,为高校管理工作带来了前所未有的机遇和挑战。同时,高校管理工作也呈现出一定的复杂性。在现如今这个时代,需要大批优秀的创新人才,而培养创新人才的关键是有效的高校管理。高校作为培养创新人才的前沿阵地,只有大力进行管理的创新,才能适应新时期社会发展的需要。

近年来,我国的高等教育实现了快速发展。与此同时,高校的管理工作面临着前所未有的挑战。而此时,如何做好新时期高校管理工作,是一个应当引起我们高度重视、深入思考的重要课题。高校的管理工作是一项复杂的系统工程,包括财务管理、人力资源管理、学生管理、教学管理等等。

本书主要内容为新时期高校管理问题研究,共分为六章进行叙述。其中第一章的主要内容为高校管理概述,包括三个方面的内容,分别是高等教育管理的概念、高校组织的特性分析、高校管理与队伍建设;第二章主要介绍了新时期高校财务管理,共包含三节内容,分别为高校财务困境的形成与应对、新形势下高校财务管理关键性问题研究、新时期高校财务管理创新实践探索;第三章对新时期高校人力资源管理进行了叙述,其中,第一节内容为高校人力资源管理现状分析,第二节主要介绍了新时期高校加强人力资源稳定管理,在第三节介绍了高校人力资源管理信息化服务建设;第四章的主要内容为新时期高校学生管理,共分为三节,分别是高校学生管理中存在的法律问题与原因反思、高校学生管理工作在新时期的发展趋势、新时期高校学生管理工作的探索与创新;第五章主要介绍了新时期高校教学管理，其中第一节的主要内容为高校教学管理的现状与管理策略，第二节主要对教育信息化背景下高校教学管理机制的构建进行了概述，第三节的内容是新时期高校教学管理模式创新研究；最后一章为第六章，主要介绍了高校科技创新方面的内容，共分为三节进行叙述，其中第一节主要介绍了高校科技创新机制建设，在第二节重点介绍了高校科技创新队伍管理，在第三节简要叙述了高校科技创新成果管理。

  在撰写本书的过程中，作者得到了许多专家学者的帮助和指导，参考了大量的学术文献，在此表示真诚的感谢。作者尽量使本书内容系统全面，论述条理清晰、深入浅出，但由于作者水平有限，书中难免会有疏漏之处，希望广大同行及时指正。

陈美中

2023 年 1 月

目录

第一章　高校管理概述···1
　　第一节　高等教育管理的概念···1
　　第二节　高校组织的特性分析···29
　　第三节　高校管理与队伍建设···33

第二章　新时期高校财务管理···46
　　第一节　高校财务困境的形成与应对···46
　　第二节　新形势下高校财务管理关键性问题研究························63
　　第三节　新时期高校财务管理创新实践探索·····························73

第三章　新时期高校人力资源管理···80
　　第一节　高校人力资源管理现状分析···80
　　第二节　新时期高校加强人力资源稳定管理·····························89
　　第三节　高校人力资源管理信息化服务建设·····························97

第四章　新时期高校学生管理···116
　　第一节　高校学生管理中存在的法律问题与原因反思···············116
　　第二节　高校学生管理工作在新时期的发展趋势······················122
　　第三节　新时期高校学生管理工作的探索与创新······················149

第五章 新时期高校教学管理 ……………………………………… 153
第一节 高校教学管理的现状与管理策略 ……………………… 153
第二节 教育信息化背景下高校教学管理机制的构建 ………… 167
第三节 新时期高校教学管理模式创新研究 …………………… 186

第六章 高校科技创新 …………………………………………………… 190
第一节 高校科技创新机制建设 ………………………………… 190
第二节 高校科技创新队伍管理 ………………………………… 194
第三节 高校科技创新成果管理 ………………………………… 196

参考文献 …………………………………………………………………… 200

第一章 高校管理概述

教学是高等学校的中心工作，高校工作以教学为主。教育管理在高校工作中处于十分重要的地位。本章的主要内容为高校管理概述，包括三个方面的内容，分别是高等教育管理的概念、高校组织的特性分析、高校管理与队伍建设。

第一节 高等教育管理的概念

目标、规律和原则反映了一定的社会观和价值观，体现了某种管理哲学。高等教育管理的目标、规律和原则渗透在管理工作的各个方面，贯穿于高等教育管理工作的全过程。

一、高等教育管理的目标

（一）目标及高等教育管理目标

1.目标的含义和特性

目标就其词义来说，是指目的，如为一个共同的目标而奋斗。从具体上来讲，所谓的目标就是个人、群体，抑或是组织在特定的环境及条件下，按照一定的价值观为基础，对自身的行为进行预测，并期待达到相应的结果。

我们的目标是将主观感受转化为客观现实的行为过程。一方面，目标的集中体现了人们的想象和愿望，彰显了他们主观能动性的意识特质；从另一个角度来看，目标具有超前的反映未来标准或状态的能力，这反映了其所期望的客观现实性。因此，作为目标，总要使主观需要和客观可能保持一致。目标具有以下特性。

（1）未来的导向性。我们的目标是将未来的前景展现在人们眼前，这需要我们付出不懈的努力和不懈的追求。目标是对未来的预测，是超前思维的产物，对人类的实践活动具有引导作用。不管是何种组织、何种部门，如果想要不断提升其自身的管理水平，势必要制订某种特定方向的目标，并以此来指引其自身的行为，也只有将其目标渗透到各个工作之中，才能最大限度上激发人们的斗志，提升工作效率，进而实现其最终目标。

（2）主客观的统一性。目标是由人所设想和确立的，是"观念地存在着"的东西，也正是因为如此，目标一直是人对客观事物认识的具体反映。所以，只有人对客观事物有了正确的认识之后，才能制订出具有前瞻性和可操作性的目标。正确的目标，必然是主观设想和客观存在的统一。主观和客观的高度统一性，是保证目标正确性的前提和基础。

（3）社会的价值性。目标不是组织自身所能完全决定的，也不纯粹是个人意愿的表现。按照系统论的观点看问题，任何组织都是社会中的或大或小的分子，其存在和活动的方式均受社会的制约，因而目标的确立必然要反映社会的要求。这种基于客观现实、体现主观意志、反映社会要求的目标是人们认同的一种方向，其一经确立，便具有崇尚和使人们为之追求的价值。

（4）系统的层次性。目标不可能是单一的，各级目标纵横排列，形成了层次结构。通常情况下，实现上一层次目标所需采取的措施，会转化为下一层次目标的实现，换句话来讲，上一层次目标可以指导下一个层次的目标，但不是全部，它只是对某一特定领域进行规划时的一种参考依据；实现上一层次或总体目标的服务，需要达到下一层次或局部的目标。在具体执行过程中，由于人们认识能力的限制以及对目标本身性质和特征理解不同，因而形成了不同层次的目标系统。高层次的目标通常情况下是从宏观视角出发的，为此它往往呈现出其具有战略性和概括性的特质，战略管理中的战略目标是由一定时期内的国家利益和任务所决定的具体奋斗目标，它既包括对过去工作的总结与评价，又包含着未来发展方向和途径；较低层次的目标则是从中观角度出发，表现为全局性和综合性的特点。反观低层次的目标，其制订往往是建立在微观角度基础上，也正是由于这一方面的原因，所以它总呈现出具体性、战术性的特点。目标系统不仅有总体、部门和个体三个方面的隶属层次，也有远期、中期和近期三个时间层次以及高级和低级的要求层次，此外还有从属目标和递进目标。

（5）过程的实践性。目标的实现是连续性和阶段性相统一的过程，也是完成主观走向客观的过程。这一过程归根结底是实践的过程，离开实践就不可能制订出正确的目标，就谈不上目标的实现。因为目标总是在认识、实践、再认识、再实践的过程中制订、调整和实现的。

2. 高等教育管理目标的含义和规律

（1）高等教育管理目标，是指高等教育主体根据实现高等教育目的的要求，对各项高等教育管理活动中管理对象在一定时期内所要达到的预想结果做出的标准规定。高等教育管理目标，从根本上来讲，与高等教育的育人目的是完全相统一的。随着高等教育改革的不断深入，高等教育与社会的经济、政治、文化等各个方面的联系日益密切。相应地，也日益承担起更多的社会职能。它需要面对各种各样的社会期望，尽力满足多方面对知识和人才的需求，这就带来了高等教育管理目标的多样化。

（2）高等教育既具有外部规律，又具有内部规律。外部规律是指高等教育必然受到社会诸因素的制约和必须为社会的政治、经济和文化等方面服务的规律。内部规律是指高等教育必须遵循人的认知、成长和发展规律以及人才培养规律。从外部规律和内部规律的划分方法出发，高等教育的管理目标，可以划分为外部目标和内部目标。外部目标是反映高等教育社会功能的，即在经济发展和社会进步中所起作用的目标。内部目标则指反映高等教育活动状态的目标，如教育目的、要求、途径、质量、水平、条件保证等方面的目标。因而，外部目标可以说是功能性目标，内部目标则可以说是状态性目标。外部目标体现于高等教育主管部门对教育活动的决策和控制上，内部目标则体现于高等教育实施部门（高等学校）对自身价值的追求上。

（二）高等教育管理目标确立的意义

1. 高等教育管理目标确立的意义

在高等教育管理活动中，确立其管理目标具有十分重要的意义。

（1）目标是高等教育管理的出发点和行动依据，具有决定管理活动方向的作用。高等教育管理目标决定高等教育管理活动的方向和任务，规定高等教育管理活动的内容,影响高等教育管理活动的途径和方法。高等教育管理活动是为了最终有效地实现高等教育管理的目标,没有目标的高等教育管理就失去了方向和意义。高等教育管理活动的全过程应着眼于对目标的管理,高等教育的一切管理活动要围绕着实现高等教育管理目标这一根本任务而展开。

(2)目标是调动高等教育管理者自觉性的重要手段,具有激励和鼓舞作用。做任何事都要注重效果,高等教育管理也不例外。虽然效果的取得受多种因素的影响,但人的自觉性和有效性是直接相关的。自觉性越高,有效性就越大。因此,确立并使管理者明白高等教育管理的目标,才能使之形成自发的思考和积极的行为,进而产生热情和激情。

(3)目标是处理高等教育管理主客体矛盾的必要条件,具有修正、完善作用。目标既是预期可以达到的,也是需要经过一定的努力才能达到的。确立目标的全过程,也是分析和认识主客体矛盾的过程。实现管理目标的努力过程,也是发现矛盾、处理矛盾和最后解决矛盾的过程。

(4)目标是检验高等教育管理效果的依据,具有评估作用。检验高等教育管理的效果,主要不是看做了多少事情,而是要依据原来确定的高等教育管理目标检验实际管理活动的效果,做那些事倍功半的事情是与科学管理的要求是相悖的。只有确立高等教育管理目标,才能检验其管理成效的高低和效果的大小,才能使高等教育的评估有章可循。

2.高等教育的目标管理

高等教育的目标管理包含以下基本含义。

第一,高等教育目标管理和高等教育管理一样,均是高等教育的组织活动。但目标管理活动的特点是"以目标为中心",与高等教育的计划管理、质量管理等有区别。

第二,任何活动都是有过程的,在高等教育目标管理的活动过程中,目标是贯穿始终的主线,表现在目标的制订、执行、检查和评估等方面。

第三,必须使各层管理者和被管理者明确自身的责任,提高自觉性,做到自我控制、自我检查和自我评估。

高等教育管理的核心是高等教育的目标管理。目标管理活动的一般程序是目标制订、目标实施、目标检验、目标价值。这与一般常规管理过程中的四大环节

"计划—执行—检查—总结"基本上是一致的。因此，围绕高等教育的目标管理过程，就能更好地实现高等教育的有效管理。

（三）高等教育管理目标确立的依据

1. 高等教育管理目标确立的社会发展依据

确立高等教育管理目标，必须把高等教育的发展放在整个社会发展中考察。当今社会，科学技术突飞猛进，综合国力竞争日趋激烈。为了迎接21世纪的挑战、国家制订了"科教兴国"的战略，从而为高等教育的发展提供了良好的机遇。

人类社会发展至今，共经历了两次重大的变革，一是原始社会向农业社会转变，二是农业社会向工业社会转变。而现在，人类社会迎来了第三次重大变革，即由工业社会向知识经济时代转变。知识经济是以知识资源为第一生产要素的经济，是以高技术产业为支柱产业的经济，知识经济的基本要求和内在动力在于知识创新和技术创新。

迎接知识经济、实施"科教兴国"的主要对策有两点：首先，不仅要建立、完善我国知识创新体系，同时也要建立、完善我国技术创新体系，同时要加强基础研究，注重应用开发，促进科技成果向现实生产力转化。其次，我们应该深入推进教育改革，积极培养那些具备创新思维和能力的人才。这就使以创新知识和培养创新人才为己任的高等教育面临着新的挑战。

2. 高等教育管理目标确立的教育发展依据

高等教育管理是一项复杂的系统工程，它涉及教育思想、教育体制、办学形式等各个方面的问题。我们之所以开展高校教育管理，其最终目的是为了迎合我国高等教育的改革与发展，并为实现高等教育目标而服务。党和国家的教育方针对高校教育改革发展具有十分重要的意义，所以我们要以党和国家的教育方针作为高等教育管理目标制订的依据。现代高等教育的改革和发展，要求人们必须注视和研究国际经济、科技的发展趋势，增强教育的开放意识，认真借鉴世界各国的有益经验，从而加快发展我国的高等教育事业。这要求高等教育管理目标的确立既要围绕国家和社会对高等教育发展的基本要求，又要体现在管理理论上的科学性、管理理念上的时代性、管理实践上的高效性、管理内容上的切实性、管理过程上的目的性。高等教育管理目标的确立，如果缺少管理科学的思维方式，就不能使其目标合情合理，切实可行，就难以达到实行目标管理的目的；高等教育管理目标的确立，如果缺少时代特征，就不能使其目标符合高等教育改革与发展的要求，就违背了高等教育管理的初衷；高等教育管理目标的确立，如果不能使其操作简便、明了、易行，就不易被管理的主客体双方接受，就难以达到事半功倍的效果；高等教育管理目标的确立，如果其内容要求不切实际，不考虑各地、各层次、各类型的具体情况，就难以真正为高等教育的改革与发展服务；高等教育管理目标的确立，如果在实行其全过程的各阶段，要求不明确，就会形成操作中的盲目性，并且难以在实践中加以修正，就不可能达到最后目标的要求。

高等教育的改革和发展，旨在更快更好地实现高等教育的目的，这一目的集中反映在国家和社会对人才的需求上。只有以高等教育发展为依据，才能体现管理目标的确立为培养社会主义建设要求的人才服务。

3. 高等教育管理目标确立的工作目的物依据

高等教育的管理对象涵盖了人、财、物等多个方面，而这些通常被视为管理工作的目的物。在人、财、物各类管理对象中，人是最为关键的，因为财和物的管理最终均是由人来实现的，从这层意义上来说，高等教育管理的对象主要是人。高等教育管理所追求的具体目标因其不同的性质而异。因此，在制订高等教育管理目标时，如果我们不根据目标对象的具体情况去制订目标，那么将会出现目标过高或过低的现象，从而影响高校教育管理成效。

高等教育管理对象具有双重性，既是管理者，又是被管理者。较之于高层管理者而言，中层管理者则是被管理者，较之于中层管理者而言，基层管理者则是被管理者，而基层管理者又是具体事务的管理者。不可否认，在当前高等教育管理对象不同层次的人员中，其整体素质，无论从思想观念、文化水平、还是业务能力，与以前相比都有提高。但是，随着高等教育的不断发展，高等学校结构布局的调整和管理体制改革的深入，部分人的育人观念、时代观念、敬业观念、服务观念等适应不了形势发展的要求，心理承受能力不足，主人翁意识不强。如果对上述情况不作深入的了解和具体的分析，那么就难以制订出切合实际的具体目标。此外，高等教育的不均衡发展是由于不同地区的发展水平的不同所导致的，这表明高等教育管理存在着显著差异。因此，我国应根据各个地区经济水平、文化环境等因素来确定高等教育的培养目标与模式。若在制订目标时忽略各地区管理水平和要求的异质性，对发达和不发达地区采取同样的标准，则其目标将变得空洞无物，操作过程也将变得不切实际，最终导致目标的形式化。

（四）高等教育管理的目标模式

1. 管理目标确立的理性模式

理性的行为是扩大目标成就的行为，是根据客观资料，确立目标手段的行为。理性模式的终极目标在于设计出一套程序，使管理者能够运用该程序，确立一个合理的目标，即实现最大化的净价值效益，也就是希望能花最小的代价，获取最大的成果。而具有最大"净价值成效"的目标，就是一项理性的目标。"净价值成效"是指目标所要求的效果大于其付出的价值。在这个意义上，理性和效率意义相同。效率是价值输入和价值输出的比例。一个理性的目标就是效率最大的目标，目标所要求的价值与其在实行过程中所付出的价值之间的比值大于1。理性模式是人们在追求理性目标的努力下创造的，是对理性目标制订过程中一种概括和抽象。

理性模式要求应满足的条件是：知道所有的教育要求及其相对的重要性；知道可能的多种目标方案；知道各种目标方案可能产生的结果；能估计目标方案所能实现的与不能实现的教育要求的比值；能选择最佳的目标方案。在这个模式中的理性，是指人们不仅要能知晓、权衡整个教育要求的实现程度，而且还要有关于目标方案的详尽资料、正确预测各种目标方案后果的能力，以及能准确把握管理成本与育人要求的操作程序。

理性模式可以促进高等教育管理目标确立的合理性，使内容切实，要求适中，操作可行。然而，由于管理者的能力和掌握的知识有限，其目标的确立不可能完全满足理性化的要求，从而需要通过渐进的方式加以修正。

2. 管理目标确立的渐进模式

渐进模式的主要要求是调适（或修正），即运用"边际调适科学"的方法，在基于现有目标的前提下，通过实践时段并与其他方案进行比较，以确定需要进行修改的内容和需要增加的新内容。

渐进模式的实质在于，对于管理者而言，他们只需考虑有限的目标方案，而非所有可供选择的方案；管理者必须将这些不同的方案综合成一个整体来看待。

对于每个方案，管理者只需进行几个可能产生重要结果的论证，以便做出决策；管理者所关注的只是这些结果的一个方面或多个方面。对于管理者而言，他们所面临的问题一直在重新定义，因此需要采用一种手段来调整其结果，以便更容易地处理教育管理过程中的问题；教育管理者必须具备一定的知识水平，以提高决策效率。在实施目标的过程中，我们需要不断发现和逐步解决高等教育管理中存在的问题，因为目前还没有找到最优的解决方案；大学治理是一种复杂的动态系统，应以整体视角来研究。渐进模式具备纠偏性质，以适应现实和具体问题的解决，对目标趋势进行修正；渐进模式在于边际的比较，根据边际效果进行抉择，并不全面考虑每一项计划或每一个方案，所确立目标的优劣情况取决于管理者态度一致的程度。

与理性模式相比较，渐进模式较接近实际的管理情况，模式的构架较为精致完美。就管理者的个性特征而言，渐进模式也比较可行。渐进模式受到对现行目标成效的满意程度、问题性质改变的程度、现有可选方法中新方法的数量等条件的限制。如果现行目标的成效不能令人满意，则渐进模式就无法适用，现行目标仍有成效，是采用渐进模式的基础；如果问题的性质发生变化，那么渐进模式也无法适用，现有方法中，新方法数量多，则使用渐进模式的可能性就减少了。

渐进模式的应用，须具备下列条件：现有目标的成效，大体上能满足高等教育管理主客体双方的需要，从而使边际变迁在目标效果上能充分显示其新收获；管理者所面对的问题，在本质上必须是一致的，换言之，不同管理者对问题的看法基本是一致的；管理者有效处理问题的方法，须具有高度的共同性。以上条件，对渐进模式的效度（应用价值）具有决定性的影响。在高等教育改革和发展的形势下，新问题层出不穷，其管理上的渐进改变已难以适应实际需要，渐进模式的缺点也就开始凸显。

3. 管理目标确立的综合模式

为了充分发挥理性模式和渐进模式的长处，同时避免二者的短处，我们构建了一种综合控制模式。这种模式的主要要求是追求最优化。

广义上讲，凡是将两种或两种以上的模式混合使用、有机结合的模式都可以称为综合模式。但是，在当代高等教育目标的确立过程中，几乎所有的综合模式都包含理性成分。因此，广义上的模式都是理性与其他模式的结合。鉴于综合模式的多样性，在这里仅列举规范最佳模式和综合模式两种。

规范最佳模式吸收了理性模式的主要优点，此外，还把艺术的方法和规范科学的手段结合起来，如利用专家直觉、经验判断设计新的方案，进行各种可行性研究。在具体分析中，该模式还借用各种定性方法弥补诸多因素难以量化的不足。规范最佳模式主要有以下步骤：认清某些价值、目的和目标要求；探讨实现目的的目标方案，特别是创造新的方案；通过对现有的备选方案进行深入的论证分析，从而找出这些方案的优点缺点，进而为方案的改革奠定基础。从具体上来讲，管理者首先要借助渐进模式的方法，对现存备选方案的执行情况进行全面的了解，然后再运用相关的目标分析方法，对新目标进行对比，同时也开始预估新目标将会产生的价值。另外，规范最佳模式还把调适目标确立的质量，调适目标确立系统本身，提高目标确立参与者的个人素质，建立必要的机制，进行必要的培训等认为是模式考虑的内容，将其包括到模式中来。通过对现有目标进行检查和论证，规范最佳模式融合了渐进模式和理性模式的操作性方法，从而实现了方案的相对最优化。规范性的含义在于有一套目标确立的程序，还表现在它有系统的思考，即把一般意义上的控制与目标确立系统的改进联系在一起，规范化模式蕴含了渐进模式和理性模式中的合理成分，使其成为一种更具实用性的模式之一。

综合模式，一方面，应用理性模式宏观审视一般的目标要素，分清主次，选取重点；另一方面，应用渐进模式探讨经过选择的重点，避免寻找所有可行的备选方案，也避免了对与目标无关的次要细节和次要方案的全面分析，不致着眼于细枝末节，而忽视基本的目标要素。这就克服了理性模式和渐进模式的不足。综合模式在选定方案的审视方面，注重使用理性模式创造新方案，克服渐进模式的保守倾向。同时对重点问题、规格要求及主要的备选方案，则注意用渐进模式方法考察，注意与已有的目标进行比较，以拟定优化切合实际的具体方案，克服理性方法的不现实性。与规范最佳模式一样，综合模式也提供了一个搜集、分析、利用有限资料的特定程序和资源分配的策略标准。与理性模式相比，综合模式缩减了考察范围，节约了大量的时间、精力和资源；与渐进模式相比，它借助理性模式客观的方法对各种主要备选方案进行精细的调试，从而提高了方案的可靠性，又给创新方案提供了机会。因此，综合模式更具体可行。

二、高等教育管理的规律

研究高等教育管理，就必须认识和掌握高等教育管理的客观规律。由于高等教育管理是一门新学科，目前还没有科学准确地概括出它的基本规律，但有一些学者对此提出了富有启发性的见解，对高等教育管理规律做了初步探讨。

（一）自然属性与社会属性相统一的规律

1. 高等教育管理的自然属性

高等教育管理的自然属性包含很多方面的内容，从具体上来讲其主要表现在以下三个方面：第一，普遍性。所谓的普遍性，也在无形中体现了高校教育管理是无处不在的，是一种普遍存在的现象，也就是指不管在哪个时代、哪个国家、哪所学校，凡是有高等教育活动存在的地方，都存在高等教育管理。第二，共同性。所谓的共同性，主要强调的是在高等教育管理之间存在一定的共同特征，与此同时这些共同特征也不会随着时间的变化而变化，也正是由于这一方面的原因，它形成了不同国家不同高校优秀传统的一部分，并世世代代为其服务。第三，技术性。通常情况下，高等教育管理中的各项技术与方法，不会受到国家社会制度的影响，即便是不同社会性质的国家，都可以借鉴其他国家高校的教育管理技术，如将计算机引入高等教育管理之中。

2. 高等教育管理的社会属性

高等教育管理不仅具有自然属性，同时也具有一定的社会属性，其具体表现在以下两个方面：第一，继承性。所谓的继承性，我们也可以将其看作是时代在高等教育管理中烙下的时代痕迹，高等教育管理随着人类社会的不断发展，并在地区文化因素的影响下，形成了其独特的特点。而时代为高等教育管理烙下的这些痕迹，也使得高等教育管理务必要遵守一定的社会文化形态，同时也要符合人的社会心理状态，在这样的情况下，那些具有同源文化的国家，他们之间的高等教育管理也会呈现出极大的相似性，反之那些非同源文化的国家之间的高等教育管理，则会呈现出较大的差异性。第二，政治性。一般情况下，高等教育管理与权力关系紧紧地联系在一起，同时高等教育管理中的制度、政策也属于社会制度与政策的重要组成部分，它们都是为政治而服务。高等教育的目标在于巩固和执行一定的生产关系，以确保高等教育体制和管理政策的有效执行，以人为中心的管理理念恰恰是这种特质的具体体现。

高等教育管理活动所具备的自然属性和社会属性，两者之间存在着一种矛盾而又相互依存的关系，它们之间既对立又统一。在高等教育管理效益中，计划、组织、指挥、协调、控制等管理职能所涉及的两种属性被融合在一起，形成了一种根本性的统一。

（二）封闭性与开放性相统一的规律

高等教育管理的封闭性，指的是在高等教育系统内部，由于高等教育管理的特殊矛盾而导致的自我运转和良性循环的表现；高等教育管理的开放性在于，在高等教育系统与外部环境相互作用的过程中，通过解决高等教育管理中的独特矛盾，实现物质、能量和信息的高效交换。

1. *高等教育管理的封闭性*

在高等教育系统之中，不管是何种形式的高等教育管理工作，都始终是以相对独立和相对完整的高等教育系统内部为基础的，从而形成一个相对封闭的系统，该系统在高等教育系统的"投入—加工—产出"过程中发挥着至关重要的作用。高等教育系统的稳定性取决于其封闭性，因此任何对其进行分析或管理的过程都是不可能实现的。为了更好地进行高等教育管理，我们必须认识到这种封闭性的客观存在。虽然我们说高等教育管理具有封闭性特点，但是这并不意味着高等教育管理的封闭性是绝对的，如果其封闭性是绝对的，那么高等教育管理工作就无法与外界进行任何的沟通，那么久而久之其将会走向灭亡，因此我们说高等教育管理工作的封闭性是相对的。

2. *高等教育管理的开放性*

高等教育体系在受到外部环境的制约和影响的同时，也不可避免地对周围的环境产生着深远的影响。在这种相互关系中，教育与社会之间具有密切的联系，同时，它自身也处于不断变化之中。高等教育管理的开放性源于物质、能量和信息之间的交互作用，这种交互作用的复杂性决定了其必须具备高度的适应性。高等教育管理系统内部各要素之间及其与外部因素之间的相互联系、相互作用构成一个有机的整体。从某种意义上来讲，高等教育管理的开放性特征是实现高校教育管理工作高效收益的必备条件。

3.高等教育管理的封闭性和开放性既相对立，又相统一

首先，高等教育管理的封闭性和开放性是相对的。高等教育管理的封闭性的重点是强调高等教育管理系统目前的"存在"，将人力、物力、财力放在目前的"存在"上影响发展，失去了取得更大效益的机会；高等教育管理的开放性在于过分强调高等教育管理系统的效益最大化，而忽视了系统的存在，这将对高等教育管理系统的存在基础造成动摇。其次，高等教育管理的封闭性与开放性相互交织，形成了一种不可分割的整体。二者相互联系、相互作用。高等教育管理的封闭性是一种相对封闭的状态，是包含开放的封闭，并在开放的封闭中实现自身的优化和发展。高等教育管理的开放是在一定存在基础上的开放，这种开放只有依存于相对独立的、完整的高等教育管理系统，才能和社会环境进行物质、能量和信息的交流，从而建立起新的更能适应社会发展需要的高等教育管理系统。

（三）学术管理与行政管理相统一的规律

在高等教育管理中，行政管理扮演着不可或缺的角色，它包括但不限于高等教育的具体规划，此外还包含对高校各种资源的分配与调控，如人力资源、物质资源等等，此外还包括对教育计划的管理、调控，以及协调高等教育各个环节间的顺利运行等等。但在高等教育管理中，学术管理是很重要的方面，学术水平的高低、学术管理的成功与否，对高等教育管理的水平及其发展有重大影响。因此，在高等教育的管理过程中，必须确保学术管理和行政管理的无缝衔接，以达到最佳的管理效果。同时，高校要重视发挥学术组织对教学、科研和学生管理工作的指导作用。学术管理与行政管理的差异主要体现在以下三个方面，这些方面的不同之处在于它们所涉及的管理方式、流程和目标的不同。

1.指导原则不同

从某种意义上来讲，学术自由原则对于学术管理具有十分重要的意义，这也是实现学术繁荣最基本的条件。学术自由是一个动态过程，在不同阶段有其特点。在学术领域中，为了达成共识，必须进行充分自由的讨论，而不能依赖于任何特定的权威人物或少数服从多数的学术民主方法。学术评价应遵循客观公正、科学

求实、实事求是等四项基本原则，不受任何主观干扰。在学术管理中应贯彻民主集中制，反对独断专行、权力过分集中的现象。行政决策是一种特殊形式的科学决策程序，它要求决策者必须具有较高的综合素质。对于行政管理的重大决策，必须以科学、合理为基础，同时注重实际情况，考虑其可行性，以及可能带来的影响和效果。

2. 采用方法不同

我们在进行学术管理的过程中，务必要坚持因人而异的原则，具体上来讲就是根据学生学科特点运用不同的方法。我们在进行学术管理的过程中，务必要坚持因人而异的原则，具体上来讲就是根据学生学科特点运用不同的方法。一般情况下，学术管理可分为宏观和微观两个方面。因为每个学科、专业和任务都有其独特的特点，所以需要采用不同的方法来应对。因此，在学术管理中，需要采用多元化的管理模式，以确保管理效果的最大化。文科和理科在管理方法上存在差异，而管理专业课和基础课也采用了不同的策略。然而行政管理则与之有所不同，它更加注重对全局的把控，强调高等教育管理的整体性功能的发挥，为此在管理过程中，它往往会选择整齐划一的方法，如政策法规等，以此来调节高等教育管理工作的开展。

3. 管理程序不同

学术事务的治理依赖于教授和专家的民主参与，以确保其高效运作。教授讨论会在西方大学中具有十分重要的作用，它不仅决定了大学学科方向的发展，学术梯队的配置，同时也直接决定了大学教学人员的选聘。我国推行"863计划"，旨在最大限度地避免出现任何错误，在决策中也参照西方经验，实行了"首席科学家制"。在我国很多高等学校，学术事务管理上的决策，也都吸收教授参与讨论。行政管理在这方面与学术管理有所不同，行政管理是一种贯彻、执行上级领导工作安排的过程，隶属于"科层式"管理，在这样的管理方式下，其更加注重下级服从上级，逐层贯彻实施。

尽管在高等教育管理中，学术管理和行政管理各有其独特之处，但它们之间的关系往往是相互交织的，难以明确区分。因此，在一定程度上讲，学术管理与行政管理学之间存在着交叉现象，即学术管理具有很强的独立性和自主性，而行政管理则更多地依赖学术管理。随着高等教育的日益普及和高等学府规模的扩大，以及内部结构的日益复杂化，高等教育管理面临的挑战也日益增加，这将不可避免地推动行政管理的加强。因此，加强高校管理必须重视学术管理，而学术管理又离不开行政管理。在高等教育管理中，应当根据学术管理和行政管理的独特特点，采用相应的管理方式，并尽力协调两者之间的关系，以确保学术管理不会被行政管理所替代。

（四）过程管理和目标管理相统一的规律

管理科学的核心问题之一在于探索管理活动的过程，这是一项需要深入研究和探索的任务。管理活动是以人为中心进行组织与控制的社会实践活动。管理活动包括计划、组织、领导、控制等要素。只有在遵循一定的程序和职能的前提下，建立起有序的管理流程和环节，才能确保管理目标的顺利实现。在管理过程中存在着各种不同形式的矛盾，而这些矛盾又相互联系、相互影响。

1. 过程管理

通常情况下来讲，我们可以将高等教育过程细分为以下四个环节：一是计划，二是执行，三是检查，四是总结。其中，"执行"是关键环节，贯穿于教育教学的始终。在整个管理过程中，计划扮演着至关重要的角色，它是整个流程的起点和引领者。它既要有明确而具体的目的和要求，又要考虑到组织实施中可能遇到的困难及解决这些问题所应采取的对策措施。在计划的过程中，需要明确目标、制订多项方案、进行决策选择以及拟定可行的行动计划等多个环节。在这些工作中，要根据学校实际情况和发展需要来确定计划的具体要求，并对所规定的指标进行科学的论证。确立有效的管理目标是制订计划的核心要素。"目标"就是实现这一管理目标所需要达到的程度和水平。实施计划的关键在于将其转化为现实。它是指管理者对所制订的计划进行检查、修改和补充的全过程。在管理过程中，执行环节是管理者履行组织、指挥、协调、控制等一系列管理职能的重要环节，其中包括建立机构、完善制度、组织人力物力、指挥行动、协调关系以及进行教育鼓励等。其中最重要的措施就是采取必要的管理手段。通过协调人、财、物等多个要素之间的相互作用，以充分展现其效能，从而实现计划并达成既定目标。执行是一项复杂而又艰巨的工作。在监督和加强执行的过程中，检查环节和执行环节相互交织，不存在明显的二阶段分离。在实施管理的控制职能中，检查环节扮演着至关重要的角色，其核心在于建立反馈渠道和机构，及时提供反馈信息，以确保计划所规定的目标得以实现。执行阶段则是对执行情况进行分析和考核，并提出改进意见和建议。审视计划的准确性，必要时实施跟踪决策、调整计划、修改或补充执行措施，以确保计划的有效性。检查的最后阶段就是"总结"，是为了更好地贯彻和落实计划而进行的再安排和调整，是使计划得到全面贯彻执行的一个重要环节。"总结"是对计划、执行、检查三个环节的综合检验，以计划目标为尺度，对管理全过程进行全面评估，为新计划的制订提供基础，具有承前启后的重要作用。通过检查可以发现问题，解决问题，使计划得以完善。因为管理目标的统帅和指导，管理全过程的各个环节都是为了实现管理目标而服务的，所以可以看出管理目标的统帅和指导在管理过程中扮演着至关重要的角色。因此，管理过程必须围绕目标来展开。在高等教育管理的过程中，管理者必须时刻保持头脑清醒，时刻牢记管理目标，全力以赴地追求实现这些目标。如果他们整日忙于琐事，将手段视为目标，那么他们将会迷失自我。

2. 目标管理

目标管理是一种以目标为导向的管理方法，它要求管理者和被管理者根据组织的任务共同确定管理目标，将总目标分解为部门目标和各成员的个人目标，从而实现有效的目标管理；呼吁各部门和全体成员自觉投身于实现自身目标的事业中，全力以赴；制订有效的各项活动进行所必需的制度、程序等。通过设定管理目标，对工作进度进行检查，并对工作成效进行评估，以此为基础实施奖惩措施。

高等教育的管理过程具有难以掌控的特质，这是由于多个因素共同作用的结果。

首先，学校教育工作的循环周期较长，其管理效能存在一定的滞后性，因此其社会效益需要经过若干年的时间才能得以显现；其次，教师的工作方式多以个体劳动为主，其独立性极高，与工厂生产物质产品时的严格工序分工不同；再次，高等学府的"产物"（即学生）难以进行定型化和标准化，因此培养学生的质量难以检验。此外，学生的可塑性非常大，他们的性格、思想和智能也各不相同。在管理过程中，因材施教是至关重要的，这也增加了控制的难度。最后，高校内部管理是一个复杂的系统，它既包括学校自身的因素，又受到外部条件的影响，因而具有一定的随机性。因此,高等教育管理需要将过程管理与目标管理相互融合,以达到更高效的管理效果。

(五)管理与服务相统一的规律

通常情况下,管理的职能可以分为两个方面,一个是协调和控制生产关系的职能,另一个则是组织生产的职能。前者为后者提供必要的物质技术基础,而后者则是通过一定形式来实现其功能的。在实践管理中,这两个方面的职责指的是提供优质的管理和服务。尽管二者存在差异,但它们紧密相连,相互激发,构成了辩证的统一。管理与服务相辅相成,相互补充。优秀的服务工作不仅有助于加强管理,而且科学有效的管理也是提供卓越服务的关键。

在高等教育管理中,必须注意根据高等教育的特点,处理好管理和服务的关系。在高等教育管理中,正确对待教育工作者,特别是高等学府中的教师,是确保管理和服务关系正确处理的关键。在高等学府中,教师不仅是主要的治理对象,同时也是主要的服务对象。在高等学校中必须充分理解和尊重教师、因为办好高等学校,搞好教育管理、主要依靠教师。为了尊重他们的人格和个性,理解他们独特的劳动方式、独立思考的倾向以及追求真理的思维习惯,我们应该对他们的业务成绩进行合理的评估和充分的肯定。

在高等教育管理中,必须将对上级领导机关的责任和对群众的责任融合为一体,以实现管理和服务的无缝衔接。这就要求我们在工作中要善于听取广大教职工的意见,尊重他们的主人翁地位,并依靠人民群众解决各种问题。为了有效地管理,必须严格遵守上级的指示和规章制度,这是理所当然的,也是轻而易举的事情。否则就难以适应教育改革不断深化和社会主义市场经济迅速发展的要求,也很难取得良好的效果。高等教育管理事业的蓬勃发展,必须建立在师生群众的坚实基础之上,只有这样,才能真正从实际问题出发,激发教师的积极性,促进高等教育管理工作的顺利推进。

三、高等教育管理的基本原则

(一)高等教育管理原则确立的依据

人类对于客观规律的认知和反映,构成了一系列指导人们观察和处理问题的准则，这些准则被称为原则。由于规律具有不以人的意志为转移的客观性，因此，作为客观规律反映的原则也应该具有一定的客观性。任何管理活动，总是自觉或不自觉地遵循着某种原则，这就是管理原则。为了使管理活动有效，管理原则必须符合客观规律，并且不断地随着社会的变化而发展。

高等教育管理原则是从事高等教育管理时应遵循的活动准则和基本要求。这一道理是从高等教育管理的实践活动中归纳总结而来，凸显了高等教育管理活动的独特规律和特色。确立高等教育管理原则，既要借鉴现代管理的一般理论，又要充分考虑高等教育管理的特殊背景；既要追求理论上的相对完备性，又要强调对实际工作的指导意义。尤其要分析各原则是否涵盖，以及在多大程度上涵盖整个高等教育管理领域，从而给高等教育管理原则以科学、客观、合乎逻辑的定位。从以下几个方面分析高等教育管理原则确立的依据。

1. 遵循一般管理活动的客观规律与高等教育的客观规律

既要遵循一般管理活动的客观规律，又要遵循高等教育的客观规律。

管理存在自身的规律，管理活动必须遵循这些规律。一般管理活动的规律就是管理各基本要素之间内在的本质的联系和管理过程的逻辑关系。现代行政管理学的理论和方法就是对行政管理活动一般规律的认识和反映。行政管理思想经历了工业管理、人际关系、结构主义等发展阶段。教育管理在不同场合、不同程度上借鉴了行政管理思想。例如，人际关系理论注意到员工的积极参与、满意、合作以及士气与团体的凝聚力，有可能使生产效率得到提高。这种思想也影响到教育行政管理人员，他们寻找方法提高教师和学生的积极性和主动性，以期最大限度地发挥他们的创造力。

虽然一般的管理理论与方法对高等教育管理原则的确立有一定的借鉴意义，但管理活动不能脱离事物本身的发展规律，高等教育管理必须以客观规律为指导，遵循事物本身的发展规律，调节和协调高等教育活动中的各种关系，以确保实现高等教育目标和任务。这就是高等教育管理的一般原则。因此，高等教育管理原则的确立必须建立在对高等教育客观规律的深刻理解和全面掌握之上。高等教育的一般基本规律包括两个方面：一是高等教育与社会协调发展的规律；二是高等教育与受教育者身心全面发展相适应的规律。高等教育管理原则必须以这两个规律为前提，才能避免高等教育管理与高等教育工作者之间的对立和冲突，从而最终提高管理效益。与一般的管理活动相比，高等教育活动存在一些特殊规律，它们构成了这门学科专门的研究领域。例如，经济效益与社会效益的关系、人才培养与科学研究的关系、学术管理与行政管理的关系等。高等教育管理原则的制订与人们对这些特殊规律的认同密切相关。如果仅仅把外国管理著作中的理论套用到我国高等教育管理实践中，抑或是我们只是简单地套用经济领域的管理理论和原则，而忽略了高等教育的独特特点和规律，那么我们将无法提出正确的高等教育管理基本原则。

2. 高等教育管理活动的特殊性

作为管理对象核心的人，高等学校与工厂不同。工厂管理者面对的是工人，工人生产的是没有意识的物品；高等教育管理者面对的是教师和学生。教师身兼管理与领导之职，他们所面对的是具有自我意识的学生群体。由于教育活动具有复杂性，这使得管理成为复杂系统中一个重要而困难的环节。学生不仅是教师所塑造的"产物"，更是积极参与自我塑造的重要角色，因此，从这个角度来看，学生也扮演着管理者的角色。因此，在高等教育管理中，必须积极激发教师和学生的内在动力和自我管理能力，为他们提供适宜的环境和条件，以促进他们的独立思考和自由发挥。

在高等教育管理过程中，由于教师和学生都是从事脑力劳动的人，知识作为中介，从而存在大量的学术问题，因此需要实现行政管理和学术管理的无缝衔接。另外，在现代大学制度建设中，政府应承担更多的责任，并通过立法来保证高等教育改革的顺利进行。这也是高等教育管理的独特之处。

3. 高等教育管理原则的系统性

教育管理原则不应是随机的、零散的，而应构成一个系统，具有整体性、目的性和关联性。

高等教育管理原则体系的整体性在于，各原则围绕怎样提高高等教育管理效率这一目标结合为一体，没有一条原则能脱离原则体系整体而存在。只有存在于原则体系中，每一条原则才有它的功能。而且原则体系的功能是以整体功能而论，而不以某一条原则的功能而论，原则体系的整体功能不等同于各条原则功能的简单相加。各条原则只有在原则体系整体功能目标即提高高等教育管理效率的指导下，以合理的方式相互联系在一起并充分发挥各自功能，才能保证原则体系整体功能的实现。

在高等教育管理中，必须遵循一系列行为准则和基本要求，这些准则和要求构成了高等教育管理的基本原则。高等教育管理原则包括教育目的、组织形式、管理体制和方法等多方面内容。高等教育管理原则体系的目标在于，以原则为指导，引导高等教育管理实践活动，使其更符合客观规律，从而提升高等教育管理效率。

高等教育管理原则体系的相互依存性、相互补充性和相互制约性，体现了高等教育管理过程中各原则之间的紧密联系。

（二）高等教育管理的基本原则

高等教育管理的基本原则应该是根据一般管理学的原理提出的，同时又特别适用于高等教育管理领域；它们必须全面、准确地反映高等教育管理活动的特点、本质与规律；它们在理论上是完备的，在实际工作中又是切实可行的，能覆盖整个高等教育管理活动领域，普遍有效地指导高等教育管理实践活动。根据前面对高等教育管理原则确立的依据分析，高等教育管理基本原则体系应该包括以下五个方面。

1. 高等教育管理的方向性原则

有效的管理需要有明确的目标和方向，只有这样才能确保管理工作的顺利进行。管理要达到预期效果，必须使管理者明确自己工作的出发点和归宿点。正确的方向是决定管理成效大小的关键因素。在企业中，管理者的职责就是要使自己所领导的单位达到预期的管理目标，并能保证其完成这一任务。任何一项管理都是为了达成特定的管理目标而进行的。只有当管理者明确了自己工作的基本任务和所要达到的管理目标后，才能进行有效的组织领导、指挥控制，从而完成预定的管理目标。在社会主义条件下，我国高校管理也应坚持以教学为中心和以科研为重点两个基本点，把提高教学质量作为高等学校工作的出发点和归宿。教育作为一项社会性活动，其本质在于与特定的社会政治和经济环境相协调，为其提供服务。高等教育的核心目标在于培养具备何种素质的人才，这是高等教育管理方向的重要体现。

党和国家在新时期的教育方针中强调，教育必须紧密结合生产劳动，为社会主义现代化建设提供服务，以培养全面发展的社会主义建设者和接班人为目标。这一方针明确规定了我国高等教育政治方向和服务方向、教育目的和实现教育目的的基本途径。

首先，要坚持社会主义的政治方向。社会主义的高等教育管理，必须坚持社会主义的政治方向。教育作为一种社会体制，其内在的阶级属性决定了其对学生的教育和影响必须以其意识形态为基础。高等教育管理必然受一定的生产关系和国家的政治经济制度的制约，有鲜明的阶级性。我国是社会主义国家，高等教育必须以社会主义意识形态为导向，通过教育和影响学生的方式，培养具有坚定政治方向的建设者和接班人，以推动社会主义建设的不断发展。高校思想教育工作者应该从理论上认识到这一点。高等教育在我国具有社会主义属性，其服务对象为社会主义事业，必须始终坚持社会主义政治方向。如果不首先明确我国高等教育的社会主义性质，那就谈不上有正确的办学方向。坚持社会主义的政治方向，要有现实针对性。

其次，要坚持为社会主义经济建设服务。社会主义建设的推进离不开教育的服务。从本质上讲，它与党的工作重心和人民群众利益息息相关。"服务"一词所涵盖的范围十分广泛，不仅包括为社会主义政治事业提供支持，还包括为社会主义经济和文化建设提供服务。因此，高等学校不仅应把自己看作一个学校，而且还应该把自己当作一个社会组织或机构，即作为国家的重要组成部分。在推进社会主义现代化建设的过程中，我们必须始终坚持以经济建设为核心，不能对其造成任何干扰。高等教育的根本职责在于培养具备社会主义现代化建设所需素质的人才，其服务方向主要在于满足社会主义经济建设的需求。

高等教育应当以社会主义政治方向为指导，同时紧密围绕经济建设这一中心，积极适应经济和社会发展的需求，从多个角度制订高等教育的办学方向，使其各有其独特的侧重点，相互促进。高等教育的社会属性决定了其政治方向，而高等教育的工作任务和目标则决定了其服务方向。它们既相互联系又有区别，不能混淆或对立起来。服务的社会主义性质在政治方向上得到了明确规定，而服务方向则是对坚持社会主义政治方向的实际内涵的具体体现。因此，不能说高等教育的方向性只指政治方向，而没有别的内容，这是不全面的。高等教育在社会主义现代化建设中扮演着不可或缺的角色,必须始终坚持以服务社会主义现代化建设为导向。

2. 高等教育管理的高效性原则

任何一项管理活动,其根本目的在于提升组织体系的效能和成效。组织的效率和效益,是通过一定的管理手段实现的。管理目标的实现与效率和效益息息相关,二者相互依存、相互促进。如果目标不明确,就会使组织中各种要素之间无法有机协调,造成资源浪费,影响整体功能的发挥。而如果目标明确的话,随着目标的正确实现和效率的提高,所带来的效益也将愈加显著。能否实现管理目标所需的人力、物力、财力和时间等资源投入,是衡量管理效益大小的关键指标。

高等教育管理的高效性原则是高等教育管理本质的直接体现和具体化,是确保高等教育质量和效益的重要保障。在市场经济条件下,高等教育管理要实现高效运行,就必须遵循高效率与高效益相统一的原则,即效率优先、兼顾公平的原则。为了培养和得到更多高素质的专业人才和卓越的研究成果,必须投入足够的高等教育资源。也就是说,在高校内部要有一个合理而有效的资源配置体系。在高等教育资源的投入中,最小化地实现对合格人才和研究成果的培养和提供需求。

高等教育所带来的效益是多方面的,它不仅有助于推动生产力的发展,同时也是巩固政治统治和建设精神文明的必要手段,是社会延续和发展的重要前提。因此,各国政府都十分重视对高等教育的投资,特别是发达国家更是把高等教育视为国民经济增长中一个极为重要的因素。提高劳动者的综合素质和培养人才的数量和质量,是高等教育在推动科学技术和文化发展方面所扮演的至关重要的角色。从某种意义上讲,高等教育的发展程度决定着一个国家或地区的科技与文明的进程。高等教育是一项需要大量资金投入的事业,然而,由于资源的有限性,其发展受到社会经济水平、社会政治制度、管理体制以及人们教育观念等多方面的制约,因此只能依赖于社会的支持。我国目前正处在社会主义初级阶段,还存在着许多不发达地区、落后地区以及民族贫困地区,这就要求我们必须把发展高等教育作为一项长期的战略方针来抓,不能有丝毫懈怠。因此,高等教育的管理应当注重经济效益,即在最小的投入下培养更多的人才,同时注重节约人力、物力和财力,更加重视精神效益和社会效益,坚持办学的政治方向,全面提升高等教育的质量。

3. 高等教育管理的整体性原则

高等教育的整体性原则是建立在高等教育系统整体性的基础上，同时也受到培养高级专业人才的高等教育目标的制约。这一基本要求是由高等教育自身所具有的特点和功能所规定的。高等教育管理的综合原则在于，以人才培养为核心，以科学的方式协调各方面工作，并全面考虑社会环境中各种因素的影响。

高等教育的首要使命在于孕育人才。为了有效地培养人才，必须协调思想教育、师资培养、科学研究和后勤管理等多个方面的工作，以确保人才的全面发展。除了培养人才的职能以外，高等学校还有开展科学研究的职能和直接为社会服务的职能。高等教育管理的目标和内容，不是单一的教育、教学活动的管理，而是包括教育、科学研究和直接为社会服务等活动的综合管理。不论是培养人才、开展科学研究和为社会服务，都与社会系统紧密相关，都必须与社会经济、政治、科学文化相适应，因此，必须把高等教育管理放在整个社会环境中考虑。

高等教育管理要以培养人才为中心，各方面活动的开展都要服从于培养人才这个首要任务。就政府对高等教育的宏观管理来说，首先要做好培养人才的决策和宏观控制，包括人才培养的预测规划、总体规模、发展速度、结构布局等，以及通过组织、计划、协调、立法、拨款、检查评估等手段，保证培养人才的数量和质量。就高等学校的管理来说，各部门的工作都要面向学生，教学和思想教育工作要遵循人才成长规律，科研、生产工作要与教学工作结合，后勤工作要为教学和科研服务，而不能各自为政、各行其是。

要处理好教学和科研的关系，使两者相互结合、相互促进。教学是高等学校培养人才的主要方式和基本途径。但是，不能把教学工作仅理解为课堂讲授。教学活动既包括通过课堂讲授使学生学到间接知识，也包括指导学生获得直接知识和掌握学习方法。因此，教学是一项涵盖知识传授、智力开发、能力培养以及道德品质塑造等多个方面的综合性过程。教学既要重视智力因素的培养，又要注意非智力因素的作用，这就要求我们必须在教学方法上有所创新。科学研究在人才培养中扮演着至关重要的角色，将其引入高等学府的教学过程中，不仅能够为学生提供全面发展智能的环境和条件，更是一种重要的教学特色。学生通过参加科学研究能够有目的地、主动地学习，利用自己所学到的理论知识完成研究任务，进行积极思考，在实践中发展各方面的能力，培养创新精神；还能培养学生养成严谨的治学态度、踏实的工作作风和团结合作的精神；能更好地促进师生之间教与学两方面的信息交流，使教师对学生了解得更深入更具体，有利于实行因材施教，更好地发挥学生的特长和主动性。开展科学研究还能够提高高等学校教师的学术水平，充实和更新教学内容，改进教学方法，使教学质量不断提高。因此，不应该把科学研究和教学对立起来，而应该使两者互相结合、互相促进。前人的实践经验在高等学府的教学中得到了系统化的总结和传授，为学生们提供了宝贵的知识。这些经验不仅反映了客观事物的发展规律，而且还体现着人类思维的某些特点和形式。科学研究是在已有知识的基础上深入挖掘和归纳新的认知，以进一步加深对客观世界规律的理解。科学的发展离不开实践，又依赖于理论的指导，而理论又必须通过实验来验证。因此，只有进行科学研究，将生产实践和科学实验的成果转化为各种理论框架，以不断获取新的知识和技能，才能实现各门学科和专业的教学目标。从这个意义来讲科学研究是"源"，教学是"流"，科学研究总是走在教学的前面。在教学中给学生讲授的理论知识，并不需要教师都通过自己的研究实践进行总结和积累。但是，现代科学技术的发展日新月异，若高等学府的教师不以科学研究为手段，及时掌握本门学科和相关学科的最新动态和发展趋势，而仅止于传授书本知识，则难以提升教育教学质量，难以培养出适应现代科技快速发展和现代化建设需要的合格人才。

  发展科学技术文化，也是高等学校的重要任务。随着现代科学技术日新月异的发展，高科技向现代生产力转化越来越快，高新技术产业在整个经济中的比重不断提高，科技在经济发展中的作用越来越大。21世纪是高新技术迅速发展的世纪，我国改革开放和现代化建设进入承前启后、继往开来的关键时期，国家的经济建设和社会发展比以往任何时候都要更加倚重于科技进步。在这种形势下，高等学校特别是重点大学的科学研究工作更应大大加强。

  直接为社会服务也是现代高等学校的一项重要社会职能。高等学校的培养人才、开展科学研究、为社会服务这三项职能是互相联系、相辅相成的。开展各种形式的社会服务，有利于加强学生与社会的联系，增进他们对社会需求的了解，增强其主动适应经济发展和社会发展需要的能力；有利于高等学校的教学更好地理论联系实际，培养锻炼学生解决实际问题的能力，提高教学质量；有利于进一步发挥学校的潜力，充分调动教师职工的积极性和主动性，通过有偿服务，为学校筹集一部分资金，以弥补办学经费之不足，用以改善办学条件和师生员工的生活条件。但是，高等学校必须以培养人才为中心。衡量学校工作的根本标准是培养人才的质量和数量，绝不能只看经济收益的多少，搞短期行为，而不顾教学质量和学术水平。因此，一定要处理好培养人才与直接为社会服务的关系。必须统筹兼顾，加强管理，对收益进行合理分配，这样有利于调动各方面的积极性，特别是在教学第一线工作的教师的积极性。

4. 高等教育管理的民主性原则

高等教育的开放性是由其与社会发展的相互适应规律所决定的。高等教育必须适应和满足社会经济文化生活不断增长的需要，以实现自身功能的完善。高等教育的演进历程已经证明，追求科学与民主是高等教育不可或缺的重要使命，追求科学和民主既要求教育自身具有科学性和民主性，也需要政府提供相应的制度环境。通过不断追求科学，我们能够确保高等学府的教学和科研活动充满生机和活力；追求民主，能促进高等学校办学自主权的扩大，提高学校管理水平和效率。民主的发扬是科学追求的必要前提。高等教育管理的民主性原则源自高等教育管理的封闭性和开放性相互融合的规则。若想在高等学府中实现既封闭又开放的目标，必须积极推崇民主精神，激发师生员工的积极性和创造力。在现代社会里，任何一项重大决策，如果没有充分而正确的民意参与和支持，也就难以得到实现。因此，在高等教育和高等学府做出重要决策时，必须秉持民主精神，以确保决策的公正性和透明度。

高等教育管理的民主性原则在于，通过广泛动员教职工和学生参与学校的民主管理，以及社会力量的积极参与，实现高等教育管理的民主化。在高等教育领域，汇聚了一大批才华横溢的人才，他们的学术思想充满活力。在高等教育管理工作中，必须充分考虑到学术自由的本质特征，以确保其在实践中得到充分体现。这不仅是因为高校本身就是一个学术组织，更重要的是由于它承担着培养人才、发展科学技术、促进社会主义精神文明建设等多方面任务。高等学府的授课和研究，实质上是一项学术活动，需要充分的思想自由和民主制度的支持。因此，在高等教育领域实行基于民主原则的治理，具有独特而至关重要的意义。在高等学府中，教师和学生作为双重身份的管理主体，共同承担着管理对象的职责。教师和学生皆从事高度学术性的教学、研究和学习，是一种精神生产，主要依靠自身的独立探究和思考，以及不断的探索。所以说，高校管理的关键是如何充分调动师生的工作热情，只有不断激发其内在的动力，即调动他们的积极性和主动性，方能达成管理目标的要求。因此，高校管理中最重要的一条，就是充分发挥教师和学生的主观能动性，使之形成合力，以提高管理效率。教师是实施学校培养目标、教学计划、教学大纲等方面的不可或缺的力量；教师应当自觉地探索和实践教学内容和教学方法的改革，以推动教育事业的不断发展。在教学中，教师必须根据不同年级学生的特点及要求，因材施教，因人而异。在学习过程中，教师必须激发学生内在的自我驱动力，鼓励他们积极参与并主动配合，以实现自我学习的目标。只有这样才能形成一个良好的集体意识和群体力量。激发教师和学生的积极性，让他们积极参与管理，从而增强内部凝聚力，加深他们对领导管理者的理解和信任，及时改进管理措施，提高管理效果，这一切都将带来巨大的益处。因此，高等学府的有效管理必须依赖于教师的积极作用，同时，所有与学生的学习和生活相关的决策，都必须充分倾听学生的声音和反馈。

  高等学府涉及教学、科学研究、生产、思想教育、后勤以及校内外关系等多个领域的复杂工作，涉及众多专业和课程，涉及大量人员，因此，对高校进行科学而又有效的管理工作是一项很复杂的系统工程，必须从多方面着手，才能达到预期目的。要想有效地管理一所大学，必须掌握大量的学术知识和技能。任何一所高等学府，甚至一个系的领导，都难以全面掌握所设专业、学科和工作领域的方方面面。因此，对学校管理工作进行全面系统的规划和组织实施，也必然存在着很大难度。为了确保学校的良好运营，必须激发广大教师职工的积极性，激发他们的集体智慧和协作精神，从而实现共同管理。在做出关于教学、科学研究和学科建设的重要决策时，必须认真倾听并尊重教师，特别是教授们的意见，以确保决策的公正性和合理性。专家、教授在其所从事的专业和学科领域中具有独特的见解，倾听他们的意见将有助于确保决策的准确性；他们的学识水平高，善于提出问题、解决问题，因而能促进教学科研工作的发展。由于其学术权威性，教授们在师生群里发挥了重要的作用，他们积极参与决策，从而获得了师生员工的广泛支持和信任，这有助于决策的有效实施；教授作为高校的主要管理者，在决策过程中往往具有举足轻重的作用。教授们的言谈举止在潜移默化中对学生产生深远影响，促使他们积极参与学校的民主治理，从而有助于培养学生的社会责任感。

在高等教育管理方面，政府应当充分尊重专家学者的意见，因为高等教育具有高度的学术性质和广泛的专业领域。因此，高等学府应当被授予学术自主权和必要的办学自主权，以避免过度依赖行政手段。同时也应注意防止行政化倾向，加强法制建设和制度建设，以确保教育事业健康有序地发展。高等教育的多样性源于社会对其需求的多样性，不同地区、不同条件和历史背景的学校呈现出多样性，这要求政府在处理中央集权和地方分权的关系的同时，赋予高等学府办学自主权，以使其具备独特的办学特色，以适应社会的多元化需求。我国目前实行"双轨制"管理体制，国家与地方分别行使教育行政部门和高等学校的职能，并建立了相应的法律法规体系。政府的职责在于实施宏观调控和协调，以创造有利于学校发展的环境和条件，通过财政、政策和法规的引导学校积极主动地实现自身的发展。高校必须遵循教育规律和政治规律，坚持社会主义方向。高等教育管理应当遵循民主性原则，确保制订、执行和评估决策的过程都是民主化的，以实现决策结果的民主化。

在高等教育管理中，为了提高决策的科学性和实用性，必须充分发扬民主精神，使被管理者能够以民主的方式参与决策过程，从而实现集思广益的目标。在西方，民主管理学校采用多种形式，如董事会、教授会、评议会或师生代表会等，以参与制订学校的一系列规章制度并参与决策。民主性要求管理者必须尊重学生的意志和利益，并为他们提供充分的知情权和选择权。管理者应当时刻保持对决策执行情况的了解和掌握，以便在此基础上对决策执行方案和方法进行调整和优化。民主集中制原则要求领导者必须有良好的工作作风，这是实行民主集中制的重要保证。在这个过程中，无论是对执行情况进行了解，还是对执行方案和方法进行调整和改进，都必须以民主的态度为基础。民主作风要求管理者必须具有高度的责任心，善于听取群众意见，管理者应当秉持公正原则，在处理公务时不应谋取私利，要尊重下属，虚心请教，及时调整和改进方案与方法的执行情况。对于本决策的制订者和执行者的工作评价，以及下一个决策的制订和执行，都需要以全面评估决策执行结果为依据。因此，在高等教育管理工作中应加强民主评议功能，充分发挥民主监督作用，以促进高教改革不断深化。为了激发和强化决策者与执行者的工作热情，促进他们创造性的发挥和发展，并最终提高高等教育管理效益，评定工作必须遵循民主原则。

5. 高等教育管理的动态性原则

一切事物都在不断地改变。管理过程是一个不断演进的动态过程，随着时间的推移，它也在不断地变化和发展。在这个过程中，管理对象内部的各种要素不断演变，它们之间的相互作用也在不断变化，同时，管理系统所处的外部环境也在不断变化和发展。因此，管理过程的本质在于根据管理对象和条件的变化、演变，对其相互关系进行相应的调整，以实现整体目标。

我国当前正处于经济转型的关键时期，随之而来的是社会生活的多方面变化，因此需要对高等教育进行改革，以适应并推动社会经济、文化、科技等领域的体制改革。高等教育与周遭环境相互交织、相互影响，形成了一个不断变化的动态过程。开放系统的独特之处在于其能够对其内部的子系统进行动态调整，以适应各种环境中的偶发事件。管理活动与管理对象、管理环境之间存在着一种内在的、必然的关联，这种关联是不可避免的。在高等教育管理的过程中，任务的完成、组织结构的构建、技术的应用以及参与人员的参与都是一个不断变化的动态过程。在高等教育活动中，必须遵循基本的管理原则，以确保管理的相对稳定性和秩序的合理性；另一方面，高等教育管理的对象、内容、方式、手段都在变化之中，要求运用高等教育管理原则时要有灵活性。

高等教育管理的变化和发展具有显著的动态性。随着现代科技的不断进步，高等教育所面临的社会需求也在不断演变，高等教育所需的条件也在不断变化。高等教育应当积极提升其适应经济和社会发展需求的能力，以更好地为社会提供服务。教育体制改革是一项系统工程，它不仅涉及教育体制、办学模式等一系列问题，而且关系到国家经济体制改革以及整个社会主义现代化建设事业的成败。高等教育必须不断进行创新和改革，以适应不断变化的社会需求和发展趋势。高等教育体制改革的目标在于逐步构建一套有效的机制，以使学校能够主动适应国民经济和社会发展的需求。因此，高校的管理体制要随着形势发展而不断完善，才能满足社会主义现代化建设的需要。就高等教育而言，学生每年都在不断地进出，而教师队伍则需要适时地进行补充和调整，同时教学和科研设备也应该不断地进行更新和升级。随着经济体制、政治体制和科技体制的不断深化改革，高等学府面临着新的挑战和要求。

因此，高等教育管理的动态性原则可表述为，通过不断的改革以主动适应经济和社会发展的需要。动态性原则要求人们做到以下几点。

首先，我们应该以长远的眼光看待问题，认识到任何事物都是一个不断变化的过程，不是一成不变的。在新的历史条件下，教育也是如此。唯有不断进行改革，方能推动教育事业蓬勃发展，而教育的进步离不开持续不断的革新。

其次，必须妥善处理变革和稳定之间的相互作用。在推进变革的过程中，必须继承高等教育所蕴含的合理内核，以应对当前不适应的环境。只有这样才能使我们的高等教育更好地满足社会对人才的需求，促进经济社会发展。既不能墨守成规、抱残守缺，坚持既成的体制和维持现状，也不能全盘否定以往的经验，必须在创新的道路上不断前行，不断超越自我。在高等教育改革方面，我们必须保持谨慎的态度，不能因为一时的犹豫而草率行事，必须时刻保持警觉。

高等教育管理的动态性，源于高等教育必须与社会政治、经济、科技、文化等方面的需求相协调，这是一项根本性的规律。它不仅包括高等教育自身所具有的内在属性，而且还受着外部环境的影响和制约。随着社会政治、经济、科技的不断演进，高等教育必须不断进行改革，以适应不断变化的社会需求。同时，在不同历史时期，人们对教育的认识有一个逐步深化的过程，这就使得我们的高等教育管理必然会呈现出许多新特点和新趋势。随着高等教育管理对象和外部条件的不断演变，管理工作也不断涌现出新的情况，因此需要不断总结新的经验，以应对新的挑战。

这些准则是高等教育管理的根本原则，它们具有广泛的适用性。我国高等教育管理的性质在方向性原则中得到了体现，这一原则从根本上确立了社会主义高等教育发展的大方向，规范了高等教育培养目标的实现；管理工作的本质特点和根本要求在高效性原则的指引下得到了明确的阐述；管理工作的根本要求在整体性原则中得到了体现；在高等教育管理活动中，民主性原则贯穿始终，为确保管理工作的顺利进行提供了必要的动力和良好的氛围；管理工作的完善需要遵循动态性原则，这是实现目标的根本途径。

它们相互制约、相互促进，共同指导高等教育管理的全部活动，构成了一个完整的原则体系。在实际工作中，贯彻这些原则是紧密联系、相辅相成的。

第二节 高校组织的特性分析

一、高校组织的特性

高校不同于其他任何企业或社会组织。高等教育机构作为一种非经济性质的组织,其经营目标并非以盈利为导向;高等教育机构以明确的组织目标和运行机制为基础,构建了一个正式的组织体系。高校既不同于企业也有别于行政事业单位。高校作为社会中一种特殊类型的组织部门,其主要功能在于培养人、开发人和发展人。

(一) 教育性和学术性

自诞生之初,高等教育机构即成为一处承载、传承、促进高深学问发展的殿堂,其固有的教育和学术特质便是其本质属性。大学的主要功能在于为社会培养精英人才。约翰·亨利·纽曼主张,大学作为普及知识的殿堂,为人类智慧的传承提供了重要的平台。[1] 在《高等教育哲学》一书中,约翰·S.布鲁贝克明确指出,大学应该广泛传播深奥的学术知识,以促进知识的传承和发展。[2] 在《大学的使命》一书中,奥尔特加·加赛特明确指出,大学的首要任务是培养那些具备文化修养的普通人,使他们达到符合时代标准所需的高度。在此基础上,大学还应当为社会发展提供新思想、新技能以及各种人才,从而促进社会进步与繁荣。因为大学具有传授重要的文化知识的基本职能,所以可以推断出其重要性。在大学里,学生不仅学习文化科学知识,还要学习科学方法,掌握研究问题的思维方式和解决问题的基本程序。此外,借助人类智慧所创造的最经济、最直接、最有效的步骤和方法,大学能够培养出像医生、教师等这样的杰出专业人才,为普通人的成长提供有力支撑。[3]

高校的学术性和教育性是伴生的,纵观高校发展史,外部生存环境在变,不断受到政治、经济等外部环境的影响和制约,但高校作为学术性组织的本质始终

---

[1] 约翰·亨利·纽曼.大学的理想[M].徐辉,等译.杭州:浙江教育出版社,2001.
[2] 约翰·布鲁贝克.高等教育哲学[M].王承绪,译.杭州:浙江教育出版社,2001.
[3] 奥尔特加·伊·加塞特.大学的使命[M].徐小洲,等译.杭州:浙江教育出版社,2001.

未变。由此可见，高校的首要、根本特性是教育性和学术性，然后才是社会服务等其他延伸特性。

（二）复杂性和多样性

1. 高校组织的复杂性

高等教育机构是目前最为复杂和多元化的社会组织，其多样性和复杂性令人惊叹。由于其自身结构与功能上的特殊性，决定了它必然存在着许多不同于其他社会组织的特点。高等教育机构的组织结构呈现出高度的复杂性，其主要体现在以下几个方面。

（1）组织活动复杂

从某种意义上来讲，我们通常将高深学问的保存、传递、发展作为高校的发展使命及目标，这对于高校而言是一个十分特殊的活动，同时该活动也是一个具有长期性、艰巨性以及创造性的活动。

（2）组织结构复杂

高校组织机构的成立，往往是建立在学科的基础上，它将劳动信念、权力责任融为一体，是一个庞大的综合机构。另一方面，学术团体等非正规关系的存在，构成了一个错综复杂的权力结构，呈现出一种非正式的状态。

（3）内外环境复杂

众所周知，高校是一个十分复杂的社会化组织，随着社会经济的快速发展，高校本身具有了一定的经济实体性质，但是其依然坚守高校学术组织的本质，也正是在这样的情况下，使高校内外环境的复杂性显得尤为明显。

2. 高校组织的多样性

高等教育机构的组织形式呈现出多元化的特征，主要体现在以下两个方面。

（1）组织职能多样

高等教育机构肩负着人才培养、科学研究和社会服务三大使命，每一项职责都涵盖了广泛而具体的职能，例如课堂教学和课程建设等；社会服务的范畴涵盖了产学合作和社区服务等多个方面。由于不同功能的发挥需要有一定条件，因此，它们之间存在着明显差异。高校的本质属性所呈现的多样性，是其外在表现的必然产物。

（2）组织目标多样

截至目前，大部分的高等院校都在一定程度上建立了属于自己的多目标体系，其中包含很多方面的内容，如保护学术自由、提升学生研究能力等等。

此外，还体现在学校的教育理念、学科架构、课程设置、授课方式等多个方面。在《高等教育系统》一书中，伯顿·R. 克拉克（Burton R. Clark）引用了法国杰出的社会学家埃米尔·涂尔干（Emile Durkheim）的一句话，指出寻找一种既统一又多样的机构是一件非常困难的事情；无论其采用何种伪装手段，均能轻易辨认；然而，无论在哪个角落，它都无法与其他任何机构相提并论。因此，我们说，大学的组织结构具有统一性与多样化的特征。大学作为中世纪生活的自然产物，展现了其统一性和多样性的完美结合，成为时代的最终证明；也是对中世纪社会历史发展进程进行总结的最好范例之一。唯有那些具有生命力的事物，方能最大限度地展现其独特的个性，同时使其自我服从并适应环境和形势的变化。

（三）松散性和矛盾性

高等教育机构的组织结构呈现出一种松散而有机的联盟状态。主要体现为以下几个方面：第一，缺乏明确的组织目标。相较于其他社会组织，高校缺乏明确的组织目标，而人才培养、科学研究和社会服务三大职能则被细分为多个子目标，随着目标的增加，这些子目标也变得越来越模糊；第二，组织的成员具有多元化的价值。高校组织成员大多为来自不同院系、不同学科领域的教师、学生等各类人群，他们都有着各自独特的价值观念。众所周知，高校都设有很多的专业，而这也造就了不同团体的多元化价值观念，当然这些团体中的人都具有高深的知识，但是由他们组建而成的高校则会显得十分的松散，虽然这样的组成形式有助于高校学术的研究，但也会给学校管理带来许多问题和困难。高等教育机构在推进其发展过程中也面临着众多的矛盾和挑战。主要体现在：理想组织与社会需求之间的不协调。高校期待"按照个体和知识的发展规律来促进他们的完善，从而展现自身的精神价值和学术价值"，但对社会需要它"能够在现实的发展中发挥更多、更重要的作用，具有更大的实用价值"[1]；行政权力作为高校内部管理活动的主导力量，其行使方式直接影响到高校办学目标能否实现。行政权力和学术权力之间

---

[1] 赵婷婷. 论大学理想与社会现实需要的矛盾 [D]. 厦门：厦门大学，1999.

存在着一种不协调的关系。高等教育机构的组织结构呈现出一种独特的二元性，其中一方代表行政权力，而另一方则代表学术权力。二者在行使过程中存在着冲突，但这种冲突可以相互转化，即由冲突向和谐过渡。高等教育机构必须确保行政人员在维护组织的整体性和一致性的同时，也必须高度重视学术人员参与治校所必需的学术权力。行政权力建立在上下级相互制约和协调的基础上，而学术权力则建立在个体自我认知的基础之上。在高等教育研究与实践领域，如何维持两者之间的平衡一直是一个难以解决的问题。

二、信息技术的特征

在信息科学的基本原理和方法的指引下，信息技术得以拓展其信息功能，成为一种不可或缺的技术手段。信息的获取、加工、传递和利用等功能，是通过电子计算机和现代通信等主要手段实现的。从本质上看，它与传统的科学技术不同。该领域具备技术和功能两个方面的独特特征。

（一）技术性特征——技术性和信息性

首先，信息技术所具备的普遍特征是其高度技术化的本质。具体体现在方法的科学性、技能的熟练性、作用过程的快捷性以及功能的高效性等多个方面。其次，信息技术的独特之处在于其所具备的信息属性，这种属性使其与其他技术有着显著的区别。主要体现在它能使人们获取新知识，并通过对信息资源进行加工处理来实现价值。信息技术的服务对象为信息，其核心职能在于提升信息加工和利用的效率和效益。由于信息的固有属性，信息技术具有广泛的适用性、动态性、共享性和可变性等独特特征。

信息技术之所以备受推崇，广泛应用于各行业、各领域，是因为其独特的技术特征所带来的深远影响。本书所关注的并非技术特征，而是信息技术的功能性特征，这些特征属于计算机科学范畴。

（二）功能性特征——改进认知与管理

首要之务在于提升人类思维的效率，加深对人类认知方式的理解。随着信息社会的到来，人类对自身的认识将进入一个全新的时代，这就是由传统的个体思维向群体思维转变的时代。其次，不断优化业务流程，从而最大程度上提升活动的成效。因此，我们必须充分认识到信息技术在社会发展中的作用。只有将信息技术作为管理控制体系中一个重要因素加以运用时才能真正理解信息技术对于组织发展所起的作用。若将信息技术仅视为一种工具或手段，则此种认知将显得过于狭隘、肤浅。因此，信息技术在高校管理系统的建立与运用将成为必然，而其效果则取决于管理者是否选择了合适的技术手段及策略。虽然高校和企业并不是完全相同，但是信息技术在高校中的运用可以在无形中改善其管理效果。因此，从理论上讲，高校应加强对信息管理技术的研究，积极采用信息技术来实现学校的管理创新。从某种意义上来讲，信息技术在管理领域中的应用效果最为明显，同时也最容易取得预期的效果。从具体上来讲，信息技术在高校管理中的科学应用，不仅可以最大程度上优化高校资源配置、改善组织结构，同时也可以在无形中提升管理人员素质以及提高管理效能。

第三节 高校管理与队伍建设

一、教学管理的组织系统和内容体系

（一）教学管理的组织系统

教学管理的组织系统又称为教学管理的组织与方法体系，是教学管理的群体为了共同的目标，通过责权的分配、层级的统属关系和团体意识所构成的能自我调节、自我发展的一个社会系统；主要解决"谁来管理，怎么管理"的问题。管理体制则是指组织机构的设置、隶属关系和责权规划等组织制度的体系化。管理体制和组织结构的合理和优化决定着教学管理组织功能的有效发挥。管理系统是一个个体、团体和整体之间结构性的关系组织，是一个组织成员相互行为关系的行为系统，是一个随着时代环境的变化不断自我调整、自我适应的生态组织，也是一个组织成员角色关系的网络系统。

为了确保教学管理组织系统的高效运转和创造性工作，必须高度重视高校教学队伍的建设，同时也要将其付诸实际行动，建立一支由专业人员和兼职人员结

合，素质较高且相对稳定的教学管理干部队伍，机构应具备明确的职责范围，而人员则应承担相应的岗位责任。

（二）教学管理的本质

在高等学府的多层次、多因素系统中，以教学子系统为研究对象，运用有限的人力、物力、财力，对教学过程进行科学合理的组织和运用，以实现教育资源的最优配置，从而达到教学工作的最佳效益。

（三）教学管理的基本任务和职能

教学管理的根本职责在于遵循教育教学的基本规律，通过系统化的培养、改革、建设和管理规划，运用现代化的科学管理手段，对所有教学活动进行动态演进，以实现既定的教育教学目标。其目的在于提高整个学校教学质量，为国家培养合格人才，为了确保在整个培养过程中各个阶段的教学任务得到有效实现，必须充分发挥管理的协调作用，激发各方积极性。

教学管理的职责涵盖了决策、规划、组织、指导、控制、协调、评估、激励、研究和创新等多个方面，这些职能相互交织、相互关联，构成了一个有机的整体。

（四）教学管理内容体系

教学管理的核心在于每一位管理者都必须明确自己应该负责哪些方面，重点关注哪些方面，以及如何有效地管理这些方面。在此基础上建立起一个具有内在逻辑自洽性的管理体系，以保证教学管理目标得以实现。教学管理是一个有机的、统一的整体，其内容体系在不同的视角下呈现出多样化的结构和框架。从教学管理业务的科学体系或工作体系来看，可以归纳为"四大管理领域"，包括教学计划的策划与执行、教学运行的监督与管理、教学质量的监督与评估以及教学基础设施的规划与建设；从教学管理职能的视角来看，主要涵盖了决策规划、组织指导、控制协调、评估激励以及研究创新等方面；从教学管理的高度和层次来看，教学改革、教学建设和日常管理的实施，需要将静态管理和动态管理有机结合，以达到更好的教学效果。

1. 教学计划管理

学校为确保教学质量和人才培养规格，制订了培养方案，该方案是组织教学活动、安排教学任务、确保教学编制的基础依据。随着社会主义市场经济体制改革的深入，高校的办学形式也日益多样化，因此制订一套科学、合理的教学计划对提高高等教育质量至关重要。在教育部的宏观指导下，各学校组织专家自主制订教学计划，该计划不仅要遵循教育规律并保持一定的稳定性，还必须根据社会、经济、科学技术的新发展及时进行调整和修订。一旦确定了教学计划，就必须认真策划和实施，以确保其有效性和成果。教学计划管理的核心职责在于精心构思人才培养的蓝图，这需要我们投入大量的精力进行深入的调查研究，涵盖国内外同类、相近学科专业的改革和发展趋势，特别是对新的教育观、教学内容、课程体系、教学环节以及人才培养模式等方面的全面探索。同时，还应当对培养目标、规格与要求进行分析论证，为制订合理的课程计划提供依据。为了培养出高质量的毕业生，必须先由学校本学科专业的学术、教学带头人和经验丰富的骨干教师共同研究课程结构体系，并构建一个整体优化的课程结构体系，以清晰描绘人才培养的总设计。当然，制订教学计划后，必须进行严谨的组织和实施，以确保其合理性和有效性，不能存在任何随意性。

2. 教学运行管理

教学管理的核心在于通过协调和规范的管理手段，确保教学工作的平稳运行，从而保障教学质量的不断提升。因此，加强对教学管理中几个重要环节的教学运行与调控进行研究，对于提高高校整体办学水平和人才培养质量具有十分重要的意义。在教师的指导下，学生进行的一种认知过程被称为教学过程，这是一个统一的过程，旨在促进学生的全面发展。第一，高等学府的教学过程组织管理呈现出一种显著特征，即大学生在学习过程中逐渐增强了自主性、独立性和探索性；第二，在广泛涵盖的学科基础上，适度地提供专业教育是必要的；第三，教学与科研逐步融合。在教学过程的组织管理中，需要特别关注两个方面的工作：一方面，必须精心制订课程大纲，以确保教学效果最大化；另一方面，要有一套完整合理的教学计划。针对课堂教学、实践教学和科学研究训练这三个主要环节，我们需要精心设计组织管理的内容、要求和程序，并在此基础上进行全面的检查。

3. 教学行政管理

教学行政管理是指学校、二级学院、教学系部等教学管理部门根据教学规律和学校规章制度行使管理职权，对各项教学活动及相关的辅助工作进行科学合理的组织、指挥、调度，以确保学校教学工作稳定有序运行的协调过程，同时也包括对教学的日常管理、教学工作管理、教学资源管理等方面进行严格规范的工作。

4. 教学质量管理与评价

衡量教学质量的标准应当涵盖教学、学习和管理三个方面的质量，这是一个综合性的概念；教学质量的形成是一个逐步积累的过程，它需要静态和动态管理相结合，注重动态和过程管理，因为教学质量管理的最终目标是确保和提高每一项教学活动、每一个教学环节以及最终的教学质量。为确保教学质量管理的有效性，必须转变教育理念，提升教育品质。只有在观念上树立起全面质量管理的理念，才能实现对学生培养全过程的全方位控制。为了深入探究质量监控，完成全程质量管理的设计，并建立适应校情的质量监控体系和运行机制，我们必须首先明确质量监控的概念、要素、体系和组织系统，并对质量监控和质量保证的所有相关问题进行研究。高等教育机构应当确立一套科学的、以核心为中心的、可操作的质量管理模式，其中包括教学质量检查方式、教学工作评估、教学信息的设计、收集、测量、统计分析和管理等方面。

二、教学管理的特点和管理队伍结构

（一）教学管理的特点

教学管理在高校各项管理工作中的重要位置及教学活动的特殊性，决定了教学管理具有能动性、动态性、协调性、教育性和服务性等特点。

1. 教学管理的能动性

教学管理的能动性是指人的主观能动性。教学管理的对象主要是教师和学生。能否充分有效调动教师"教"和学生"学"的积极性，是衡量教学管理工作成效的主要标准。在教学管理中，教师和学生具有双重身份，教师作为对学生学习活动的组织者、指导者时属于管理者，发挥管理者的职能，而作为高校教育教学活动的执行者时则属于管理对象，履行管理对象的职能；学生既是学校和教师的管理对象，又是自身学习活动的自我管理者；教师与学生无论是管理者还是管理对象，都具有主观能动性，彼此相互影响、相互促进。

2. 教学管理的动态性

教学管理涉及的每个环节都处于动态发展的环境中，如培养方案的制订要随着社会经济的发展更新、完善，教学运行的管理要随着学校教学条件的变化进行合理调整，教学质量的评价体系要随着建设内容的变化不断地进行更新等。在不断变化中总结和提高，使教学管理水平和质量螺旋式向上发展。

3. 教学管理的协调性

教学管理的主要任务是协调好学生的个体活动和学校、教师组织的集体活动，充分发挥教师、学生的个性，促进个人和集体的协同发展。

4. 教学管理的教育性

教学管理人员通过合理制订管理制度，有效实施管理过程，奖惩分明，帮助学生实行自我教育、自我管理、自我服务的"三自"管理，达到育人的最终目的。

5. 教学管理的服务性

高校的中心工作是育人，教学管理要围绕教师"教"与学生"学"做好服务工作。增强服务意识是对教学管理人员最根本的要求。

（二）教学管理队伍的结构

高等学校教育教学管理队伍由分管教学的副校长、教务处全体人员、学院（系）主管教学副院长（副主任）、教学秘书（教学办全体人员）和教务员组成。教学管理人员的结构主要包含学历结构、职称结构、年龄结构、学缘结构和性别结构等指标。科级以上管理人员岗位应具备硕士及硕士以上学历，博士学历占一定比例；处级岗位、教学副院长（副主任）和重要科级岗位应具备副教授以上职称，教授占较大比例；老、中、青各层次人员合理分布，教学管理队伍既要有教学管理经验丰富的中老年专家，又要有充满活力、信息技术强的青年骨干；学缘结构上非本校人员应该占多数比例，有利于发挥不同的管理思想，承担重要岗位工作的教学管理人员应有基层教学管理工作经历。

三、高校教学管理的重点

（一）注重提高教学管理人员职业道德和业务能力

学校应充分认识到教学管理人员对学校发展所起的重要作用，注重培养教学管理人员的政治思想素质，使其树立高尚的事业心、责任心及奉献精神。

首先，教学管理人员处于承上启下的关键位置，承担上传下达的工作职责，既要贯彻执行上级部门的文件精神与工作部署，又要组织、协调学校的教学管理工作，同时还要直接面对教学一线的教师，处于与学生沟通交流的前沿，这样的工作定位与工作职责要求教学管理人员必须要具有职业道德与高度的责任感。教学管理工作涉及面广、内容多，事无巨细，看似事小，实质关系重大。如传达上级文件精神、组织安排学校教学工作计划、教师停调课安排、考试工作安排、学籍档案管理等，年年重复，天天面对，很容易引起认识上的麻痹。看起来都是小事情，但每件小事的管理出现差错就会直接导致院（部）甚至全校教学秩序的混乱，教学工作无法正常运转，影响极大。

其次，教学管理人员要具有团结协作精神。高校教学管理工作的特点之一是层次管理，既有一定的独立性，又相互协作与配合，只有具有良好的团队协作精神，才能全方位地处理好分工负责的工作，为师生创造良好的工作环境，解决工作中遇到的问题。

最后，要具备较强的业务素质。教学管理人员的业务素质与能力是其独立从事教学管理工作、解决实际问题、顺利完成任务的根本条件，学校应提高教学管理人员的业务素质，使其熟练掌握教育学、心理学等有关高等教育专门知识，掌握教学管理的基本理论和专门知识，准确评估教学发展趋势，协调各部门、各因素间的相互关系，促进各类信息的精确流通，不断创新管理方法，提高管理素质和水平；结合工作实际，开展教育科学研究与实验，适应管理科学化、现代化的要求。

（二）正确处理教学管理与教学质量的关系

教学管理是学校对教学工作各方面实施的管理，根据既定的目标、原则对整个教学工作进行有序的调节和控制。教学管理的每一个环节都与教学的质量关系紧密。教学管理涉及的内容广泛，从教学质量评价系统来看，包括培养方案与教学计划的制订、教学任务的安排、教学跟踪监测、信息收集、信息统计分析、质量评价等内容。每一项工作的具体内容又包括许多方面，如教学跟踪监测是考察教学方法是否先进，授课内容是否新颖，理论与实践的结合情况如何，课堂是否有吸引力，学生作业、实验、实习的完成情况和考试的成绩评定等内容。教学管理始终要围绕全面提高教学质量这一中心工作开展，高校应改革和完善教学管理体制，创造和建立新型的适应人才培养、素质提高的教学管理制度。

（三）正确处理好教学管理人员与教师教学任务的关系

教学管理人员和教师共同承担着教育的使命、教学管理人员是以有效整合发挥教育资源为主，教师则是以传播知识、启迪思想为主。"管理育人"和"教书育人"相辅相成，两者不是管理与被管理、监督与被监督的关系，而是相互影响、相互作用的关系，两者相互关联、密不可分，是同一目的两个不同的层面，具体体现在以下几个方面。

第一，教学管理人员是衔接教师"教"与学生"学"两者关系的纽带，协调和处理两者之间的矛盾和问题，创造良好的教学环境，保证"教"与"学"的顺利进行。

第二，教学管理人员通过整理、分析教师教学质量的各种信息，反馈"教"与"学"的情况并进行科学的评定。检查、考核教师在教学过程中的学术水平、教学水平及敬业精神，总结和评估教师是否完成教学任务制订的各项指标与计划，促使教师不断地按照社会发展和市场需求，保持高质量的教学水平，培养适应社会需求的高质量人才。

第三，教学管理人员和教师共同参与学校的专业建设、课程建设、教材建设、实验室建设等工作。通过对教学的调查、研究、分析，提出改革和改进教学工作的方案和计划。

第四，教学管理人员为教师提供在教学上所需要的帮助，创造优质的教学环境，让教师集中精力投入教学。

（四）注重教学管理与教学研究的关系

高等学府的日常教学管理是一个漫长而不断积累的过程，而这些也仅仅只有完成了高等教学管理第一层次的工作，从某种程度上来讲，这也标志着建立了一个坚实的工作基础和优质的教学环境。为了提升人才培养的品质和教学管理的水平，必须展开深入的教育教学研究工作。实践证明：重视教育教学研究工作的学校，其教学工作的指导思想明确、目标选择恰当，能审时度势，立足于国情和校情，确立全新的思想、思路、措施和制度，使得教学和管理工作达到了卓越的质量水平。对于那些在教学管理和教学管理研究方面表现不佳的学校而言，他们的教学改革往往滞后于时代，无法抓住教学改革的核心和重点。在当前形势下，教学质量问题已成为各级各类院校面临的突出而又严峻的问题之一。因此，对于提升教学管理的水平、质量和效益而言，深入研究教育教学是至关重要的一环。

四、教学管理队伍的现状

新形势下，教学管理队伍的现状主要表现为以下几点。

（一）对教学管理队伍建设的重要性认识不足

长期以来，教学管理工作得不到应有的重视，大部分人认为教学管理岗位上的工作都是简单的重复劳动，停留在"事务型""经验型"的管理层面，认为只要排出课程表、组织好考试、解决教学中出现的一般问题，使教学工作能够运转、工作无差错就完成了，无须多少业务知识和能力。因此，学校在安排教学管理人员时往往忽视对人员素质的要求，一段时间内教学管理队伍呈现低学历、低职称的现象，教学管理的质量难以保证。特别是扩招后，各地方院校不断扩大办学规模，随着招生规模的不断扩大，学校在提升教学质量的过程中，过于注重师资队伍的建设和培养，而忽视了教学管理队伍的培养和发展，未能按照教学管理工作应具有的专门知识与能力要求每一位教学管理人员，对其在管理知识技能上的不足未能给予重视。教学管理人员应具备的沟通交流能力、文字处理能力、现代化技术运用能力、监控反馈能力及教学管理研究能力得不到有效提高，教学管理的层次得不到提高，不能适应高等教育改革的需要。

（二）教学管理人员缺乏创新意识

长期以来，传统的管理观念和管理制度使高校教学管理人员习惯于对教学人力、物力、财力的计划管理，被动地执行国家的各项政策，无须进行教育科学研究，无须进行创新和资源分析、利用，按部就班，认为只需服从领导意志，就是称职的管理人员，从而养成了教学管理人员的惰性，磨灭了他们的创新意识和开拓进取精神。面对新时期、新的知识经济和教学改革的新局面，部分管理人员感到茫然，不能很好地适应现代教育教学的管理。

（三）教学管理队伍专业思想不牢固，队伍不稳定

高校教学管理队伍目前面临的普遍现象是专业思想不牢固，管理队伍不稳定，人员变动频繁，流动性大。目前各高校的管理人员大部分是由教学人员调整或其他行政岗位交流人员组成的，缺乏专业的人员定位与思想教育；只有一小部分是管理专业毕业或长期从事教学管理工作的人员。大部分高校忽视对教学管理人员的培养，弱化了教学管理岗位的吸引力，部分有一定知识层次或工作能力的在岗人员思想不稳定，不安心管理岗位，认为管理工作不被重视、工作繁重。另外，多数高校虽然都把管理队伍的职称评定划归为专业技术人员，但长期以来，教学管理岗位职称问题难以解决，职务提升非常困难，现职岗位待遇低于同届毕业从事业务工作或其他专业的技术人员，严重挫伤了管理人员的工作积极性，从而导致他们对本职工作投入不足，不钻研业务，敷衍应付，有机会就想跳槽。特别是院（系）级教务员更换尤为频繁，有的只工作了一两年，甚至不到半年就进行转岗，工作刚刚熟悉就离开，使院（系）不得不调换人员，对教学管理队伍的稳定性、管理工作和管理资料的连续性都造成了极大影响。教学管理人员应具有爱岗敬业的专业信念，自律的职业道德，积极探索教学管理新路径、新方法的思想缺失，从而不断加强教学管理队伍的稳定性。

（四）专业知识不匹配

高校是高素质、高学历、高端人才的聚集地，其核心工作是遵循教育教学规律，培养高素质的人才。服务于教学一线的教学管理人员，大部分非科班出身，岗前没有经过系统的教学管理专业知识的学习，现代教学管理知识不足。从事管理工作后，由于日常工作繁忙、专业深造、职称晋升等各种原因，缺乏教学管理方面的专业培训学习，致使部分管理人员缺乏高等教育学、教育心理学、教育管理科学等知识，不熟悉专业建设、课程建设、教材建设等方面的规律，有的甚至

不明白教学运行的一般规律、工作不符合教学实际运行的现状与需要，降低管理绩效的同时更影响高校的教学质量。

五、教学管理人员的素质能力

现代教育要求高校教学管理必须适应时代的发展，对在教学管理工作第一线的教学管理工作者提出了更高的要求，要求他们具备多方面的综合能力和素质，具体表现在以下几个方面。

（一）具备高尚的道德素质

良好的道德素质是搞好教学管理工作的基本条件。高校教学管理人员的道德品质如何，直接关系到学校教书育人的成效，"学为人师，行为世范"，教学管理人员应以自身的思想、学识和言行以及自身的道德人格力量直接影响学生，做到管理育人。

（二）具有强烈的责任心

教学管理工作既有较强的连续性，又会遇到新情况、新问题；工作项目多，任务重。强烈的责任心能产生工作主动性，是教学管理人员必备的品德。如每学期的期末考试，从安排、组织考试到上报各种考试报表、再到各科试卷、成绩单的整理归档，每个环节都必须认真负责，才能较好地完成工作。

（三）具备扎实的业务知识素质

首先，要掌握系统的管理学知识。随着教学体制改革的深入，教学管理人员应掌握系统的管理学知识，按照管理规律办事，采用科学的管理方法，合理地分配人力、物力、财力，提高教学管理工作的效率。

其次，要掌握相关学科知识，这是搞好教学管理工作的基础。院级教学管理人员应了解本院各专业的培养目标、课程体系及各教学环节的有关内容。

最后，随着科学技术的飞速发展，办公自动化的程度越来越高，教学管理人员应学习和掌握相关的信息手段与技术，如掌握学籍管理系统、教材管理系统、教务管理系统、教学评估系统、毕业证书管理系统的应用及有关日常文书处理软件的使用等，促进教学管理方法的创新，保证教学管理工作的规范化、科学化和现代化。

（四）具备较强的工作能力素质

能力是使教学管理活动顺利完成并获得预期效率的基础和保障，能力培养和提高甚为重要。一名优秀的教学管理人员应具备一定的组织管理能力，较强的协调应变能力，利用现代化设备获取信息、处理信息的能力，较强的调查研究能力及团队协作能力等。这些能力是教学管理人员准确评估教学的发展趋势，协调各教学单位间的相互关系，促进教学信息良性流通所应该具备的基本素质能力。

六、高校教学管理队伍建设

高等教育中，教学管理是一项至关重要的任务，它对于培养具备高素质的人才具有不可或缺的作用。在新时期下，如何搞好高校教学管理工作，提高教学质量成为摆在我们面前一个十分迫切而又艰巨的课题。目前，加强教学工作的首要任务和基本措施在于增加教学资源的投入，加强教学管理的力度，以及深入推进教学改革。为了确保各项教学工作规章制度的严格执行，各高校必须结合自身实际情况，不断完善和健全规章制度，并采取相应措施。同时也要通过各种途径，充分调动教师参与管理的积极性，使他们在管理工作中发挥更大的主观能动性，从而达到提高教学质量和办学效益的目的。高等教育机构要想实现先进有效的教学管理，必须拥有一支高素质的教学管理团队，这支团队必须具备卓越的业务能力、创新意识和实干精神，只有这样，高校的教学管理水平才能不断提升。

（一）教学管理的重要性

随着全球高等教育的演进，深化教学管理已成为当今世界高等教育发展的必然趋势，提高人才培养质量已成为各国共同面临的挑战，高等学府正思考如何推进"21世纪的高等教育应该如何发展"，因此，严格规范的教学管理，特别是加强教学质量的控制，已成为提高高等教育质量的重要保障，而向管理要质量则是教学改革的重要使命之一。

随着时间的推移，我国高等教育得到了全面、快速的发展，并一跃成为全球教育大国。然而，我们要清楚地认识到教育大国并不是教育强国，二者有本质的区别。目前，仍有相当数量的高等教育机构尚未建立起完善的科学管理体系，高校教学管理存在着许多亟待解决的问题。随着学校规模的不断扩大，师资队伍的构成发生了翻天覆地的变化，教学和管理方面的经验不足，传统的继承研究不足，教学管理队伍的建设还未得到充分的重视；此外，教学管理干部的更替频繁，管理干部的素质结构和水平，以及教育思想的观念还不能适应现代化高等教育快速发展的要求，这些因素在一定程度上制约了教育教学改革的深入和健康发展。

大多数从事教学管理工作的人员在校学习期间缺乏系统的专业技术知识学习，包括但不限于教育学、心理学和教育管理学等方面，他们仅仅通过不断探索实践积累经验，无法更好地从理论和教学规律上把握教育工作和教学改革建设工作。

高等教育科学的进展表明，许多高校未能将高等教育的教学管理视为一门科学，导致学校的教育教学管理存在缺陷，缺乏必要的校内外教育研究信息交流机制。目前高校普遍存在着"重科研轻教研"现象，在很大程度上影响了教师的积极性，阻碍了教学质量的提高。教育教学和管理研究在学校中缺乏系统化的思考和具体安排，导致缺乏有组织、有计划、有目的的研究氛围，从而影响了学习、借鉴、继承和创新等方面的发展。

（二）管理队伍建设的意义

加强教学管理队伍建设是提升学校竞争实力的重要措施。近年来，我国高等教育进入了大众化阶段，高等院校之间的竞争日趋激烈，对人才培养质量提出更高要求，人才的竞争已成为当今教育市场竞争最主要的手段。在一个学生刚刚入学至他毕业离校期间，教学管理发挥着十分重要的作用，而这主要是由于教学管理是高校未来是否可以招收更多优秀的学生，以及能否提升学校学生在就业市场竞争力的关键。而高校教学管理质量的高低，则直接由教学管理队伍的综合素质水平决定。若教学管理团队具备强大的实力，那么他们在教学过程中所秉持的理念将更为先进，教学管理制度也将更加完善，从而最大程度上提升学生的综合素质水平。因此，加强对教师的培训，建立一支素质高、业务能力强的教师队伍是做好管理工作的关键。

第一章　高校管理概述

　　高等学府的根本职责在于人才的培育，而高等学府的生命之源则在于其质量的卓越。如果想要最大程度上提升高校人才培养水平，我们势必要加强对高校教学的管理，积极推进高校教学改革创新，而在这一系列的高校教学管理改革中，管理队伍起着至关重要的作用，学校教学改革的广度、深度和力度，直接取决于教学管理队伍的素质水平，因为教学管理人员是推进创新、深化改革的主要策划者、实施者和监督者。因此，提升人才培养品质的关键在于加强教学管理团队的建设，这是不可或缺的。

第二章 新时期高校财务管理

本章主要介绍了新时期高校财务管理，共包含三节内容，分别为高校财务困境的形成与应对、新形势下高校财务管理关键性问题研究、新时期高校财务管理创新实践探索。

第一节 高校财务困境的形成与应对

在大学治理中，考虑到利益主体的多元化和所有权与管理权的分离，需要协调各利益相关者之间的关系，以降低代理成本并提高办学效益。目前我国高校面临的许多财务风险都与高校治理不完善直接相关，完善高校治理是优化高校财务风险管理模式的必然要求。

作为公立高校的举办者和管理者，政府要为高校提供稳定的办学经费，并且要促进教育发展，规范教育活动，做好教育服务工作。同时，高校要构建良好的内部治理结构。

一、高校财务困境形成的诱发因素

（一）大规模基本建设

随着高校招生规模的大幅度扩大，其所需资金也随之急剧增加，在这样的大环境下，高校办学资金面临紧缺的问题，大多数高校的各类物质资源处于不足状态，校舍方面更是历史欠账严重，许多高校的办学条件已经低于教育部规定的最低标准。随着我国高校规模的快速扩张，其不断扩大的校园规模和改善的办学条件已成为其不懈追求的目标。尽管高校的固定资产规模不断扩大，但其办学条件仍无法完全满足在校学生数量的增长需求。

（二）基建拨款不足

随着高等教育规模呈几何倍数的增长，国家在基础设施建设方面的投资和财政补贴并未跟上高等教育规模扩大的步伐。高速扩张的基建需求如何解决，这是一个十分重要的问题。或是将高校基本建设资金实行多渠道筹集和投融资体制改革，通过政府投资、学校自筹、银行贷款和社会企业投资教育等多渠道筹集建设资金。又或者将高校曾经无偿使用的国家拨款也改为政府投资，由拨款改为投资，以明晰投资人权益，提高投资效益。可见，市场经济环境下的高校面临着基本建设投资严重不足的巨大压力和挑战。

（三）银校合作推动

随着招生规模的扩大，办学条件所面临的瓶颈问题已经迅速演变为资金方面的瓶颈，目前我国高校基本建设投资不足已是不争的事实。现阶段，我国高等教育财政拨款严重不足，为了解决这一问题，只能通过借款来解决，这是不可避免的。在政府的推动下，高校几乎不得不向银行申请借款，这实际上是高校代替政府自行向银行的一种"求助"，高校成为政府向银行借贷的"替身"。

从市场规则的角度来看，高校自身条件并不是很好，即学校属于非营利性机构，也正是由于这一方面的限制，使得高校难以在银行获得贷款。然而，银行在面对非营利组织的信贷资金投入和增值风险时，却能够频繁地向高校伸出援助之手，从而满足政府和银行的利益需求。

商业银行在实现市场化运营的过程中，需要积极寻求能够为其大量储蓄提供增值的途径。尽管高等教育作为一种准公共产品具有外部性，但政府却无法承担相应的价格，因此只能通过政策上的大力支持，鼓励高校利用银行贷款来解决问题。由于银行和高校之间的默契以及政府的政策干预，高校得以毫无顾虑地进行借贷，银行也能够毫无顾虑地提供贷款，这导致了高校巨额的债务问题。

（四）高校行政管理体制缺陷

1. 产权所有者缺位

公立高校是准非营利组织，国家是其出资人，全体人民是学校资产的所有者。政府将资产委托高校自行经营和管理，不要求资产偿还，也不分享资产剩余收益。高校领导独立行使法人权力，不必承担具体受托责任。高校作为法人具有自己的内部集体利益，这使高校办学行为与政府办学目的出现分化。随着高校规模扩大，办学类型越来越复杂，监管难度也越来越大。在公有产权制度安排下，高校的资产属于国家的所有人民；但从实际上来看，任何个人都不能独自享有高校的资产，而且是人人不得所有，这样就会造成高校的所有者缺位，政府机构既是高校财产的委托人，又是高校资产的代理人。尽管公有产权否定了个人对高校财产的合法所有权，但高校资产的配置和管理仍需由自然人来负责。为了确保公立高校的管理权得到充分行使，必须将高校的产权管理委托给中央政府，以确保人民的利益得到最大程度的保障；接着，中央政府一级一级地向下授权，直至高校的校长、院长、系主任。公立高校的委托代理关系的建立，经过了层层委托代理过程，使得执行者不直接对委托者承担资产变化责任。这种多层级的委托增加了代理成本，也弱化了代理责任与高校的激励约束效应。由于各级代理机构和它们的代理人利益目标并不一致，在缺乏健全的民主监督机制的情况下，高校的实际所有者已经被代理人异化，而人民群众作为高校财产的真正所有者，却成为与高校财产无关的人，从而导致了"产权所有者缺位"的局面。所有者的缺位导致对办学资源的配置缺乏有效监管，对经济决策缺乏有效监督，并可能损害所有者权益。

2. 内部事务行政权力主导

当前公立高校管理中存在的最大问题是行政权力的高度集中化。首先，高校的办学自主权集中于校级党委和校长，但由于高校资产的所有者缺位，导致校长和书记的权力缺乏有效的约束；其次，在公立高校权力结构中，学术委员会和教代会能否有效地开展工作完全依赖于党委和行政领导的支持，大学生及其家长参与高校决策更是缺乏相应的制度安排，因此作为高校重要利益相关者的教师和学生等在高校的权力结构中也是缺位的。

高校内部的监督部门难以对学校的校级领导实施有效监控，在某种程度上形成"内部人控制",从而导致高校的权力滥用和失控。随着高校的行政权力的扩张与膨胀,处于教学科研岗位的一线教师如同"临时工",疲于应付由行政人员制订的各种考核标准。而且,在某些高校,根据教师们本学年度教研绩效成果,行政人员年年调高下一年度获得等额奖励所需的教研绩效的标准,由于教师们在这样的博弈中处于弱势,只能消极应对年年看涨的评奖标准,教研的奖励失去激励的作用,高校的教研绩效提高缓慢。另外,高校还呈现出学术组织行政化的问题,学术组织的实际负责人都是各级行政领导,学术权力不断萎缩;对高校的行政权监督弱化,在目前高校的体制下,依靠教代会、工会难以对高校的行政权力实施有效制衡。

3. 权责不对等导致监督失灵

能否对高校行政权力运行实施有效监督是目前建立现代大学制度难以回避的重大问题。在涉及高校资产的复杂委托代理关系中,除了最初的委托人和最终代理人,其他层级的委托代理人员都拥有双重身份,既是上级代理人,也是下级委托人。在高校国有资产管理过程中,由于各层次之间存在着多重委托代理关系,整个系统处于一个动态博弈的状态之中。在委托代理关系中,由于双重角色的存在,利益在同一主体上被分离开来,这导致了每一层级的中间委托人都在努力追求自身利益的最大化,同时也在推卸自身责任,并分享着双重利益。同时,由于双重角色导致的双重利益,处于中间层级的委托人会因追求自身利益降低对高校监督的积极性,从而对高校管理者的激励约束效应进一步弱化。合理的产权制度安排能建立起有效的利益激励机制,从而实现产权主体责、权、利的统一。由于公立高校是非营利性机构,公立高校很难按照收益最大化、成本最小化的"理性经济人"原则进行经营和管理,最终也难以形成真正的法人财产权主体。由于代理人与委托人利益目标不一致以及政府政策的干扰性和信息不对称,高校的管理存在委托代理问题。在这种委托代理关系中,最初的委托人无法对最终的代理人进行直接的监督和有效的限制,从而限制了他们的行为自由。当前,我国公立高校的管理者缺乏有效的监督机制,因为各级委托代理人的权利和义务存在不对等的情况,导致委托人和代理人无法获得高校剩余收益的索取权。

高校的行政管理人员掌握着学校各类经济资源的配置权,但他们对学校经济状况的好坏在法律上不承担具体责任。校长是学校的法人代表,但仅仅是学校这个法人组织的一个签约人，只要校长的决策依照正常设定的程序进行，无论是否会有重大损失，其决策后果和经济责任都会由法人组织来承担，校长不会因此受到经济损失和法律制裁。相反，如果校长因决策正确而给学校带来巨大收益，校长也不能要求对学校的收益提出分配权。决策失误最终由国家承担，造成约束不足；学校收益与个人利益脱钩，会造成对个人的激励不足。两种状况都可能促使高校校长为追求个人利益的最大值而不顾及决策的风险成本。

公立高校的实际产权主体并非教育主管部门和校长，这导致了收益权不明确，高校管理者缺乏激励的动力；另一方面，若权责不对等，监督机制将失去效力。在公立高校的资产管理实践中，由于缺乏真正的产权主体，任何人都无须承担权力行使过程中形成的责任。也就是说，除了教育主管部门，政府的多个高教相关职能部门代表国家和人民行使公立高校的管理权，但却没有一个政府职能部门来具体承担公立高校决策失误所带来的损失。这是许多违背办学规律、盲目决策的行为在公立高校普遍存在的原因，这也是高校陷入财务困境的内部原因。

（五）高校负债运营

当前，我国高等教育机构的决策过程主要依赖于校务会议或校长办公会议，而校领导的任命则由教育主管部门负责。然而，校长的任期结束后，并非所有人都能获得连任，这导致了决策行为的短期化和高校自身决策追求政绩的思维倾向。在这样的校长任职机制下，只要有机会获得借款，现任校长所从事的事务越多，对于个人的职业发展就越有益，而偿还债务则成为下一任的职责。由于责任和权利不对等，助长了校长向银行借贷的冲动。

在我国，因为政府是高校潜在的担保人，高等教育机构相对于企业而言，在还款方面所面临的风险要小得多，因此它们自然成为银行贷款的首选对象。在受到预算软约束和银行各种优惠条件的双重激励下，高校不仅将银行贷款视为解决高校发展资金不足的必然选择，而且由于缺乏有效的资金使用监督，还产生了攀比和浪费，最终导致了巨额债务的形成。沉重的还本付息压力使很多高等学校陷入财务困境。

近年来，高校所面临的贷款风险受到多种因素的影响，其中最主要的制度因素是高校预算的软约束，这种软约束机制对于大学管理者的激励、监督和约束不够完善，最终导致了预算软约束的出现，甚至演变成了大学持续的财务困境。当大学陷入财务困境时，国家或政府会采取多种措施和手段，以帮助大学摆脱困境并促进其发展，这是因为国家不愿承担大学破产所带来的一系列社会后果。此外，我国政府官员在代表人民行使国家权力的过程中，除了追求经济目标外，还致力于提高就业率和维护社会稳定等非经济目标，以展现其政绩。如果大学没有完成这些目标，政府就有必要进行干预以维持这种秩序。因此，为了适应政府官员的非经济性目标的需要，大学的潜在发展能力可能会受到严重削弱，而政府官员则会通过提供补贴等软约束措施来弥补大学的损失。

在我国，公立高校的唯一投资者是政府，项目的可行性信息只能在项目启动后逐渐反馈给政府，而高校校长则在项目启动时就已经了解了所需的投资总额。因此，高校的管理者对自己的投资项目进行评估时往往忽略了政府可能提供给学校的信息，从而产生一种错误的预期，认为投资项目是完全可行的。当政府发现之前的投资项目超出了高校申报时的预算时，将面临两种选择：终止投资或继续增加投资规模。这是因为，政府的投资决策必须考虑到其利益相关者的要求和期望。政府的行政目标在于追求社会福利的最大化，鉴于项目前期的资金投入已经实现，如果额外的投资所带来的边际社会效益高于边际社会效益的成本，政府将会持续增加投资。由此可见，单一的投资主体易导致高校预算的约束力度减弱，从而影响其财务管理能力。公立高校在政府资金有限的情况下，怀揣着强烈的愿望，希望能够争取到高于自身负担水平的银行贷款，因为这些高校深信学校的贷款最终将由政府承担。

（六）学费欠收对高校的影响

随着教育体制改革的不断深化以及市场经济的逐步建立与发展，我国高等学校的招生规模不断扩大，学生人数急剧增加，高校的教育经费也随之大幅增长，并出现了一些新情况、新问题。为了弥补公共办学经费的不足，高等教育作为一种非义务教育阶段，根据国家相关规定，学校向学生征收学费。因此，高等教育机构的经费来源不仅限于政府的财政拨款，还包括学生以分摊成本的方式缴纳的学费，这是另一个主要的来源。高等教育机构的学费收益主要取决于学费标准的高低，这是一个不可忽视的因素。在我国现行的教育制度下，由于国家实行免费义务教育政策，所以高校的收费标准普遍高于其他行业，这使得部分贫困生无力支付高额的学费，从而引发了一系列问题。中国的高等教育收费水平过高，已经超出了普通居民的经济承受能力，特别是对于那些来自农村和城镇下岗职工家庭的学生而言，目前的学费已经成为他们无法逾越的巨大障碍，许多考生因为家庭无法筹集到足够的学费而被迫放弃学业，或者被迫加入了欠费大军。这不仅加重了国家教育投入的压力，而且还造成学校资源浪费、教学质量下降等一系列问题，直接制约着我国高等教育事业发展的进程。近年来高等教育机构的不规范收费行为已经引起了广泛的社会关注和深刻反思。

因此，以增加受教育者的学费为手段，实现高等教育规模的扩张已不再可行。为了解决教育经费不足问题，高校必须通过借贷来维持自身的生存和发展，这是不可避免的选择之一。

随着高校收费制度的改革，学费收入已经占到许多高校收入的50%以上，学生学费收取的多少直接影响到高校资金的流量、财务状况。近几年来，随着各高校学生规模的不断扩大以及上大学个人缴费比例逐年提高，高校中学费拖欠现象非常普遍，欠费学生比例和欠费金额也迅速提高，学生欠费已经严重阻碍了高校正常的教学科研工作。学生欠费率居高不下，严重影响了高校的收入，已成为致使高校陷入财务困境的一个重要因素。

（七）信息披露机制不健全

透明的财务信息披露制度是保护高校的利益相关者利益的必要前提。公立高校的管理者作为国有资产代理人承担受托责任，有义务向政府提供财务信息。同时，高校的投资者、捐赠者、校友等外部利益相关者需要随时了解学校的财务状况；在高校内部治理结构中，教职工和学生参与学校管理和监督，也需要及时掌握学校财务信息。但是，在传统单一投资体制下的高校财务管理制度下，其财务信息生产过程和披露上存在严重缺陷。一方面，高校会计核算制度采用收付实现制而非权责发生制，不核算教育成本，许多基本财务信息，如不同专业的培养成本、固定资产的折旧等不准确或无法提供，提高了高校代理人犯"道德风险"的可能性，也增加了内部利益相关人参与管理的难度；由于财务信息传输不畅，外部投资者对高校运营情况、资金使用效率等难以了解，对高校未来运营情况、投资决策是否理性等难以准确预期,从而增加了高校从民间融资的难度。另一方面,高校财务信息披露严重不对称,高校主要面向政府而非所有的利益相关人,增加了高校从社会融资的难度,也导致校内监督失去意义,使高校开支项目很容易被行政领导所操纵,使权力失去监督。同时,由于学费收入已成为高校重要的收入来源,学生是学校教育服务的顾客,高校的财务信息披露也是对学生的一种负责。

二、高校财务困境现状

(一)解决财务困境的迫切性

财务困境又称"财务危机",是指会计主体履行义务时受阻,具体表现为流动性不足、权益不足、债务拖欠和资金不足四种形式。一般而言,当债权人的承诺无法实现或难以遵守时,就意味着财务困境的发生。近年来,随着市场经济的蓬勃发展,我国高校财务管理环境发生了翻天覆地的变化,高校的建设性和发展性债务规模不断扩大,特别是一些地方高校因过度借贷等原因导致资金极度紧张,陷入了难以应对的困境。许多高等院校的财务陷入了"五难境地",其中包括收入难以增加、支出难以压缩、收支难以平衡、口子难以填补以及工作难以开展。因此,如何走出当前地方高校财务管理困境已成为摆在我们面前亟待解决的现实问题。当前,地方高等教育机构所面临的财务难题主要体现在:财务收支矛盾不断加剧,资金调配异常紧张;随着赤字额的不断攀升,预算的分配出现了不平衡的情况;债务负担沉重,覆盖范围广泛,负债规模庞大。

(二)财务困境的主要矛盾

1. 教育优先发展与教育投入不足的矛盾

随着国家提出教育优先发展和高等教育大众化的必然趋势,高等教育正处于一个实现"跨越式"发展的重要契机之中。高等教育,特别是地方高校,在政府的资金投入方面存在不足的情况。尽管《中国教育改革和发展纲要》中明确提出了"一个比例、三个增长"的目标,但实际执行效果并不尽如人意。在连年扩招的情况下,地方高校生均教育经费支出和财政性公用经费支出却处于低增长甚至大幅下降之势。教育经费支出在中央财政的安排下，主要用于支持重点高校的发展，同时也有一部分资金被划拨至地方高校，以及专项转移支付等用途。由于经费总量、学校数量以及与中央共建部分高校等多种因素的影响，地方高校在应对高等教育大众化方面面临着诸多挑战，难以像重点高校那样游刃有余。在我国，教育经费短缺一直是制约教育发展的重要因素之一，尤其是财政拨款严重不足，导致教育资源分布不平衡、配置不合理、利用效率低，严重阻碍着高等教育事业的快速发展。尽管《教育法》明确规定了各级政府及其有关行政部门应优先安排学校基础设施建设的职责，但自该法颁布以来，高校基本建设经费的拨付却呈逐年减少之势。与此同时，层次不同院校的投入反差在增加，仅就生均拨款经费而言，不少省属高校的生均经费只是部属院校的一半。

2. 高校的发展速度与其承受能力的矛盾

在20世纪90年代末期，随着政府实施高校大规模扩大招生政策的引领，我国高等教育进入了一个数量上、规模上高速增长的新时期。与此同时高等教育机构的可承受能力问题也日益突出：一方面，师生比例过高，导致大量学生在课堂上上课，大班授课过多，任课教师中新教师比例上升，同时代课现象也有所增加；另一方面，高校面临着日益加剧的物质压力，因为生均教学用房和图书等方面的资源持续减少。

3. 高校"吃饭"与"建设"的矛盾

由于地方高校的收入总量较小，且收入结构相对单一，特别是自住房公积金和职工基本医疗保险政策实施以来，学校在执行政策时面临着巨大的人力和资金缺口。许多高校在基本工资、课时津贴等方面拖沓拖延，迟迟未能履行，这是不争的事实。随着高等教育体制改革的不断深入和社会经济环境变化的加剧，地方高校办学面临着前所未有的挑战。尽管地方高校的办学条件得到了显著改善，但与实际需求相比，仍存在较低的水平，尤其是新开设的专业师资严重不足，实验设备也十分匮乏。学校的重点建设工程正面临着资金缺口的不断扩大，这对学校的发展至关重要。

4. "财务集权"与"财务分权"的矛盾

因为受到传统思想的影响，许多高等教育机构倾向于采用"集中领导、集中管理"的财务管理模式,以确保资金集中用于重大事项。在财务紧张的情况下,有些人寄希望于这种体制能够发挥其所期望的作用,因为他们担心全面下放权力可能会削弱学校的调控能力。然而,实际情况往往与预期不符:各部门只注重资金使用而忽视财务管理,导致财务和事业管理之间的脱节,很少考虑效益使用;花钱的与管钱的相互推诿扯皮,出现了"财权越位、支出失控"的局面。在思维层面上,金钱的使用和管理存在着一种"二元化"的现象。高校办学规模不断扩大,经费来源渠道不断拓宽,投资主体多元化,多渠道筹措教育经费成为必然。在某些地区,高等教育机构的学科和专业门类已经变得更加全面,这也导致了资金流量的快速增长。由于受计划经济影响深,高校内部管理体制僵化,财权分散,缺乏必要的宏观调控手段等因素的制约,导致高校内部财务管理混乱。随着时间的推移,高校的教育管理越来越注重细节,经济管理层面也变得越来越复杂,同时财务关系也变得越来越复杂,因此高校财务管理的内涵变得越来越丰富和充实。目前,我国高校已初步建立起一套以校长负责制为核心、以部门负责人责任制为基础的管理体制。随着时间的推移,分级管理体制的优越性越来越明显,因此,学校需要在下放办学自主权的同时,将人员、财务和物资尽可能地下放到二级经费单位。

三、高校财务困境的应对措施

高校财务困境涉及政府对高等教育的要求,相应的经济及财政政策,经费供给的思路、结构、模式及导向,管理高校的模式和方法,以及高校自身的目标任务,经费来源,经费分配和使用,管理的制度、理念、方式方法乃至具体的办法等众多因素。目标任务超出经费供给,或经费使用超出经费供给,或制度、理念、管理方式方法与事业发展的目标不相适应等,都会导致财务风险的发生。应对困境就是要使高校自身的目标任务,经费来源,经费分配和使用,制度、理念、管理方式方法等相协调、相匹配、相一致,成为一个保障高校科学发展和运行的有机整体,确保高校运行的血液——"经费"得以顺畅地运行。

(一)完善经费筹措机制

资源投入是决定高等教育规模和质量的关键因素,保障投入是防范高校财务风险的基础和前提。随着全球范围内中等教育的普及和知识经济的兴起，人们对高等教育的需求急剧扩张，高等教育呈现由精英教育向大众化乃至普及化方向发展的势头。

1. 政府主导，多渠道筹措

政府对高校资金投入是十分必要的。首先，高等教育具有混合产品性质。根据其受益范围的不同，社会产品可被归为公共产品、混合产品和私人产品三大类别。公共产品是一种具有非竞争性和非排他性的产品，其特点在于不会对其他产品造成任何形式的竞争或排斥。消费者在购买某一产品时，并不会对其他消费者从该产品中获得的利益产生任何影响，这种现象被称为非竞争性。非排他性则是指消费者购买某种商品时，不会对其他消费者产生不利的影响或干扰。混合产品是一种兼有公共产品与非排他产品特征的新型公共产品，它既可以由政府提供，也可由市场供给。混合产品是一种介于公共产品和私人产品之间的产品，其性质具有一定的复杂性和多样性。高等教育所提供的服务属于"准公共产品"范畴，其一方面具备竞争性，因为我国的高等教育规模是一定的，每年高校能录取的人数是有限的，一部分学生被高校录取，获得了接受高等教育的机会，另一部分学生就没有接受高等教育的机会；另一方面，高等教育还具有非排他性，即某一个人在享受高等教育时并不影响其他人从该产品中获得利益。对于混合产品，市场经济国家一般采用政府提供与市场提供相结合的方式。

其次，高等教育的投入应当由公共财政承担，以确保其充分发挥作用。高等教育作为一个国家政治、经济、文化和军事发展的基石，其蓬勃发展对于社会其他领域的进步产生了深远的影响。当一个国家的高等教育水平达到较高水平时，其国民的道德思想水平、社会的法治化程度以及稳定化程度都将得到显著提升，从而为社会经济的和谐发展注入强劲的动力。同时，高等教育又是一种特殊商品，它所培养出来的人才不仅能满足自身的需求，而且还可以通过教育服务向全社会提供公共产品。因此，高等教育所带来的社会影响是不可忽视的。目前我国高等教育的收费水平较高，如果高等教育都由市场或私人提供，将使很多的学生因为无力负担学费而丧失接受高等教育的机会，这违背了教育公平的原则，所以虽然部分私立院校也可以为社会提供高等教育服务，但是就现阶段及未来较长的时期内来看，我国的高等教育还是应由政府举办为主。总之，公共财政对高等教育的投资是十分必要的，在公共财政财力允许的情况下，其经费投入也是多多益善。

虽然我国的高等教育财政投入规模大幅增加，其绝对量已经相当庞大，但是面对我国社会公众对高等教育不断增加的需求以及高校规模不断扩大的现实，政府还需稳步加大对高等教育的财政投入。政府要提高教育经费占 GDP 的比重，要在规定的 4% 的基础上进一步增加。同时，政府要提高高等教育财政性经费占高等教育总投入的比重，以保证高校能有充足的资金来满足正常的运转需求，并不断发展壮大。另外，政府可以采取一些间接财政投入方式。例如，优化与高等教育事业相关的税收优惠与减免政策、为社会资本进入高等教育领域提供便利与动力、完善银行助学贷款制度、鼓励设立社会捐赠基金等。政府要完善高校预算拨款制度，要改变传统的以在校学生数为基础来确定财政拨款金额的落后方法，要将各项财政经费等进一步细化为基本运行经费、专项经费和绩效拨款等，以促使高校更加注重财政拨款的使用，从而有利于体现财政拨款的宏观调控职能。政府要改变高等教育财政资源在东部、中部及西部分配比例严重失衡的现状，高等教育财政经费的地域分布要适当向中西部地区倾斜。

高校要建立起政府主导和多渠道筹措资金的经费筹措机制。目前，我国高校的经费来源主要是国家财政性教育经费、事业收入和其他收入等。在所有的收入来源中，除去财政拨款，都可以称为高校的"自筹收入"。由于我国高校数量众多，短时间之内要大幅度提高财政拨款的数量是不现实的，因此高校多渠道地筹措经费是降低财务风险的必然措施，高校要充分发挥自身的办学资源和科研优势，通过人才培养、科技成果转化、产学研合作等多种方式来吸纳资金、增加办学经费。首先，高校要以市场需求为导向，合理进行专业设置和人才培养，努力培养出社会需要的人才，提高高校的声誉，从而争取到更多的社会资金的支持。其次，高校要争取科研项目，加速科技成果转化，通过对政府或其他社会组织提供高水平的决策咨询服务，加强产学研合作等获得更多的科研资金、科技成果转化收入和企业的投资等。再次，高校还要通过校办企业来增加资金来源，高校要充分发挥人力资源优势，通过兴办科技企业来为社会服务，同时可以为高校筹集更多的经费。最后，高校要积极吸引社会捐赠，健全和完善社会支持的长效机制，多渠道汇聚资源，增强自我发展能力。同时，政府需要努力培植捐赠文化，完善鼓励捐赠的配套政策，在争取社会资源和拓展资金渠道方面取得更大的进展。

2. 财政投入的目标和原则

建立兼顾公平与效率的高等教育体制是世界各国政府追求的目标，也是各国大众化高等教育阶段所面临的共同难题。高等教育公平指的是社会成员在占有高等教育资源上的公正与平等，即通过资源配置的公平，实现社会成员在高等教育的入学、过程（即接受各种教育服务）和结果（即就业）三方面的机会均等。公平的教育资源配置应同时具备以下三个内涵：一是横向公平，即均等分配教育资源以保证辖区内所有学校和学生享受基本相同的教育设施和服务；二是纵向公平，即依据"谁受益，谁付款"原则，要求接受高等教育的社会成员直接承担一定的成本；三是实质公平，即通过资源配置中的调整和转移，对特殊社会群体，如少数民族、贫困学生和残疾学生予以适当支持。横向公平和实质公平由政府的高等教育财政政策及投入决定，纵向公平则是成本分担及补偿问题，与私人部门（主要是受教育者及其家庭）的投入有关。因此，高等教育的公平问题最终归结为公共部门和私人部门投入的总量和结构以及公共部门投入的分配问题。高等教育总投入越多、公共部门投入的分配越均等、公共部门投入对特殊群体的扶植力度越大，实现公平的可能性越大。

高等教育承担着实现公平的社会责任。教育公平的实现与教育资源的分配息息相关，然而，由于教育资源的有限性，其在地域、学校和时间上的分布存在着不均衡的现象。教育资源的分配受到国家政策、社会意识形态、经济发展水平以及教育人口变化等多重因素的综合影响，这些因素共同塑造了教育资源的分配格局。因此，我们要根据不同情况来确定合理的教育资源分配方式，实现教育资源的合理配置。教育资源分配的公正原则被广泛认可，其中包括五个方面。首要，原则在于确保资源分配的公正性和平等性。即在不违背基本要求或可能造成严重不公的情况下，使各方面都能获得所需资源，并达到一定标准，从而实现资源配置上的公平。这种公平原则要求各学区在经费分配中保持一定比例的均衡化。其次，在财政方面，我们应当坚持中立原则。这是一种纵向性和全社会平等化的原则，即任何一个地方或部门都不可能在教育中享受到相同数量、同等质量、同样标准的教育资源。本学区的富裕程度并不会对每个学生在公共教育经费开支上的差异产生影响，这一原则强调了教育资源的公平分配。它要求各级政府部门必须保持适当的经费投入水平和比例关系，并使之具有一定的弹性，以确保义务教育阶段的教育机会均等。这是为适应社会发展而提出来的一项基本政策原则。加强对少数民族（种族）学生、非母语学生、偏远地区及居住地分散的学生、贫困学生以及身心发育有障碍的学生的关注和财政拨款，以提高他们的教育水平。再次，成本分担和成本补偿原则是企业运营中不可或缺的两个方面。要使每个受教育者都能享受到平等的受教育权，就必须建立起一套完善的制度体系来保证其实现这一目标。在非义务教育阶段，我们应该遵循成本分担原则，对学生收取一定的教育费用，并对一部分学生采取推迟付费的措施，以实现纵向公平。同时还要考虑到政府的财力情况，即政府可以根据需要适当增加投入。最后，公共资源由富裕向贫困转移的原则。这条原则要求政府通过税收、转移支付等手段使社会资源向穷人倾斜，从而促进教育资源合理流动，消除收入分配差距过大现象，实现资源配置的公平性。

随着知识经济时代的到来，各国政府均认识到人力资本投资，尤其是高端人才培养对经济增长和国家竞争优势的重要性，但在有限的财政预算约束下，高等教育供给与需求的矛盾日趋尖锐，于是人们开始关注高等教育的效率。高等教育效率是从产出角度衡量上述资源投入的收益，包括人才培养的数量和质量、科研成果的数量和质量、社会服务等。从静态来看，一国不同地区、不同高等教育机构单位投入的产出数量和质量及由此产生的社会和私人收益肯定存在差异；若以既有的效率决定当期的公共和私人投入，尽管可以实现短期社会和私人收益的最大化，但必定导致资源配置的不公平，这种不公平又会反过来扩大效率的差异，从而形成恶性循环，这便是效率与公平的冲突性。但是如果从动态来看，一国不同地区、不同高等教育机构当前投入产出效率的差异或许正是过去资源配置不公平的结果；要实现未来的、长期的社会收益最大化，应该在不降低高效率院校投入的前提下，增加对低效率院校的投入一旦此类高校效率相对提升，私人投入就会增加，从而形成良性互动，这便是公平与效率的共存性。

因此，如果从动态角度理解一国高等教育的公平和效率，政府在培育高等教育效率中的作用和地位不可替代，高等教育公共财政的增长及其向资源匮乏地区和高校倾斜、向弱势社会群体倾斜是增进长期效率和实现实质公平的关键所在。建立规范的高等教育财政转移支付制度是实现兼顾公平和效率的一项重要政策措施。为此，我们要完善财政转移支付制度，明确建立规范的政府间财政转移支付制度的根本目标，实现地方高等教育服务供给能力或水平的大体均等；逐步扩大均等化转移支付和与特定政策目标相联系的专项性转移支付的规模；完善专项性转移支付拨款，使项目的设置更科学、合理，成为国家在高等教育方面对地方政府加以引导和进行宏观调控的重要手段；转移支付制度应坚持公正性、规范性、公开性的原则等。

3. 财政拨款的方式

当前各国高等教育财政政策促进公平和效率两大主要举措，一是成本分担下的学生资助以实现公平，二是预算约束下的绩效拨款以增进效率。在有限的教育财政预算约束下，政府对高等教育投入的增量有限，各国兼顾短期效率和长期效率的主要策略是改进拨款机制，采用绩效拨款，在提升高等院校投入效率的同时，使增量部分兼顾公平。

近年来，我国政府开始引入基于绩效导向的拨款方式，对一流大学建设起到了积极的促进作用，在提升高校办学质量和服务经济社会发展能力等方面发挥重要作用。同时，我们要充分注意到专项经费名目过多、交叉重复且占总经费比重过大引起的问题，包括高等教育发展的同质化倾向、内涵式发展的导向不够，高校自主权名惠而实不至，定额经费不足的同时专项经费大量结余，"吃饭"与"建设"的财政供给结构比例失调，这些问题倒过来就会影响高等教育的整体绩效和高校财务运行的健康顺畅。这么多年的实践证明，"基本支出预算＋项目支出预算"（实务中亦称"定额拨款＋专项经费"）是相对合理和有效的财政经费分配方式。定额拨款就是所谓的公式法拨款，主要功能是保障高校的基本支出；专项经费就是项目拨款，体现着扶优、扶强、扶特的绩效导向和竞争法则，主要功能是保障专项建设任务。

当前的着力点，首先应该是进一步提高定额拨款占总体拨款的比例，提高定额的标准，确立生均定额拨款为主的财政经费分配基本模式，让高校能够有更大的经费统筹安排自主权和办出特色的资源配置基础。定额可以有高校分类和地区差异系数，但是定额差异也不能走进越分越细的死胡同。其次，专项拨款应采取更加开放的评审制度和更加严格的验收评价制度，专项经费的投入及成果应接受更加严格的公众及社会的监督与评判,更好体现公平公正竞争的原则。办学及管理改革绩效奖励专项应更多地与立德树人和提高质量等终极目标挂钩,并纳入学校可统筹安排的自主权内,该专项不必拘泥于专用的原则。专项经费立项要求时,学校一定要审慎评估,权衡运用经费分配杠杆干预学校预算安排和保障学校自主权之间的利弊。总之,财政经费分配应进一步体现简政放权的导向,正确拿捏高校自主权与绩效导向的关系,重视社会各方对高等教育绩效评价的关注点及尺度,把握好"一要吃饭二要建设"的财政经费安排的基本原则。

4. 民办高校及政府财政支持

随着知识经济时代的到来,知识已经被公认为资本,现实社会中人们日益清晰地意识到个人缴费接受高等教育的收益明显高于投入的成本,人们愿意缴纳较高的学费接受更为优质的高等教育的意愿不断增强。同时,随着社会对"知识"的重新定义,专业分工日趋细化,实用主义思潮和就业导向逐渐强化,"生物多样性"的法则在高等教育领域充分展示,分层、分类的高等教育展现了强劲的生命力,而民办高等教育有着满足市场不同需求的天然敏感性和灵活性,与市场紧密结合的体制机制天然优势,可以较为充分地体现市场在资源配置上的重要作用。

我国民办高校发展的历史不长,规模有限,但潜力和前景并不小。我国民办高校在不同的发展时期,融资渠道呈现不同的特点,举办之初,一般是投资于教育的企业或个体股东将投资主要用于学校基础建设,而学费主要用于学校的经常性开支;在形成一定规模进入持续发展阶段后,衍生出教育股份公司或教育集团直接或间接参与投资民办高校,一种新的民办高等教育融资方式开始形成。民办高校应该成为支撑和承载我国大众化乃至普及化高等教育阶段的重要力量。国家政策应支持民办教育发展,鼓励社会力量和民间资本提供多样化教育服务。国家财政应给予民办高等教育相应的财政支持,以求以较小的财政支出规模撬动较大的高等教育规模扩张,同时也有利于促进国民经济发展的动力更多地转向依赖消费的推动力。

5. 社会服务和捐资助学

随着高等教育与经济社会发展紧密度的不断增强,世界各国的高等学校纷纷走出象牙塔，更多地担起社会责任，这已成为世界各国高等教育发展和社会发展的潮流。世界各国高等教育发展的实践也表明，科学研究、社会服务、产学研合作和社会捐赠逐步成为高等学校筹措经费的重要渠道之一。科研经费收入多寡通常由高校的职能定位或科研职能的强弱决定，也与政府的制度安排有密切关系。

要确保高等教育进一步发展的经费供给，除了需要依靠政府继续支持，各级各类高校都需要克服"等、靠、要"和传统的、封闭式办学的思维惯性，夯实服务国家战略和社会发展的观念，以服务求支持，以贡献求发展，在服务经济社会发展中进一步拓宽经费筹措的渠道，扩大社会合作，积极吸引社会捐赠，健全和完善社会支持的长效机制，多渠道汇聚资源，增强自我发展能力。同时，政府需要努力培植捐赠文化，完善鼓励捐赠的配套政策，在争取社会资源和拓展资金渠道方面取得更大的进展。

（二）构建内部治理结构

良好的高校内部治理结构具有以下特征。

1. 权责分明，各司其职

高校设置有决策机构、执行机构和监督机构。各个机构的权利和职责都是明确的。高校的决策机构代表产权所有者对高校拥有最终的控制权和决策权；执行机构在高校章程和决策层的授权范围内行使职权，组织开展高校的日常教学科研活动；监督机构依法对决策机构行使职责时的行为进行监督；决策机构、监督机构和执行机构之间权责明确、相互制衡和相互协调。

2. 激励与制衡机制的有机结合

根据前面的分析我们知道，高校存在委托代理关系，由于委托人和代理人信息不对称，委托人可以通过一套激励机制，促使代理人采取适当的行为，最大限度地实现委托人所预期的目标。

3. 职工参与民主管理的途径扩大

在现代高校管理体制下，高校要通过选举教师代表参与高校管理的决策环节，行使决策权，参与到监事会的工作中，行使监督权。

第二节 新形势下高校财务管理关键性问题研究

一、财政管理

(一)我国高等教育财政来源

与高等教育财政体制相关的是高等教育的行政管理体制和财政管理体制。高等教育的管理体制是指事权与财权相统一的体系化的高等教育管理组织制度。高等教育管理体制隶属于国家行政管理体制。中华人民共和国成立以后的高等教育管理体制分两个阶段：一是条块分割的管理体制；另一个是两级管理，以省为主的体制。

1. 条块分割时期，高等教育财政来源根据"所属"原则确定

新中国成立以后实行高度集中的计划经济体制，中央按行业设置了许多相应的管理部门。为培养自己所需的人才，它们设立了为自己服务的高等学校，如铁道部设立交通大学和铁道学院等，根据行业发展计划培养本部门所需要的人才。作为省级单位的地方政府，一方面按属地原则将建立于本地域内的部分高等学校划属本省（地）管理，另一方面按本地发展需要设置了其他地方的高等学校。这样，就形成了中央直接经办和垄断高等教育，中央各部门所属和地方所属的高等学校并存，中央业务部门和地方政府分别承办和管理高等教育的格局。其中中央各部门所属的高等学校称为"条"，地方所属的高等学校就可以称为"块"。在这一管理体制下，管理者分别为自己所管辖的高等教育进行投资，不收学费而且还提供大量助学金用于困难学生生活和书籍费用的补贴。教育经费列入国家预算，实行统一领导，中央、省市县分级管理，高等学校财政来源比较单一；毕业生的流向也相应较简单，或者进入了"对口行业"，或者在相应地区进行工作。同时，这些高等学校也分别向自己的主管部门提出科研计划，申请科研经费，进行相应的科学研究服务。

条块分割的高等教育管理体制，与当时的计划经济体制相适应，一方面为各行业和地区培养了大量所需人才，进行了极富针对性的科学研究，促进了行业和

地区经济社会的发展；另一方面，其弊端也比较明显，如学校缺少办学自主权，部门分割、重复建设和效益低下等一系列问题也随之而来。随着中国社会主义市场经济体制的建立，高等教育管理体制的改革也就成为必然。

2. 两级管理，以省为主，省级政府投资高等教育的责任加大

高等教育的财政管理体制与中国的财政管理体制也密切相关。中国于1994年实行了中央和地方的财政分税制，通过明确政府间的职责，对地方财政的预算约束进行强化，以实现财政分权的适度实施。财政分权的本质在于对中央政府和地方政府的职责和权力范围进行明确划分，以确保信息对称，从而推动资源更加高效地配置和社会福利的最大化。建立分税制的财政分权体制，有效地激发了地方政府在教育投入方面的积极性，从而为高等教育的持续、健康、快速发展提供了强有力的推动。

3. 我国高等教育成本分担形成

在各地政府重视教育投资的同时，中国高等教育财政来源也日趋多样化。这除了与中国多种所有制经济共同发展的经济体制相适应外，还主要与中国国民收入分配格局发生了变化、政府财政收入在国民生产总值中的比例相对减少以及家庭和企业所占的份额相对增大有极大关系。1993年颁布的《中国教育改革和发展纲要》[①]也明确提出："要逐步建立以国家财政拨款为主，以征收教育的税费为辅，收取非义务教育阶段学生学杂费、校办产业经营收入、社会捐资集资和设立教育基金等多种渠道筹措教育经费的体制。"中国的高等教育经费来源的渠道由单一渠道转向多种渠道，包括财政补助收入、事业收入、上级补助收入、附属单位上缴收入、经营收入和其他收入。

（二）我国高等教育财政拨款体制述评

高等教育财政支出是备受关注的高等教育财政政策的另一个焦点。我们所说的高等教育财政支出，是指在高等教育财政保障体制责任划分明确的条件下，为保障高等教育事业的发展，以提高资源利用效率为目的，将人力、物力、财力等在高等教育事业不同使用环节上所进行的分配与使用，其核心是高等教育的财政拨款模式。

---

① 中共中央，国务院. 中国教育改革和发展纲要 [J]. 人民教育，1993（04）：4-11.

1. 我国高等教育财政投入体制

中华人民共和国成立后，为了与计划经济体制相适应，高等教育的本质特征在于，其经费的筹措和管理是由主办方承担的财政投入机制。随着改革开放的推进，高等教育经费的多元化投入机制逐渐形成。随着市场经济的发展，高等教育的投资体制也在不断地改革创新。在世纪之交，高等教育的管理体制已经初步形成，其中以省级政府为主导，而中央和省级政府则分别承担着不同的管理职责。

2. 中国高等教育财政拨款模式变革

中国高等教育财政拨款模式先后经历了"基数+发展"和"综合定额+专项补助"两个阶段。

（1）"基数+发展"拨款模式

该拨付模式以定员定额为基础，即按照机构规模的大小或事业的需要确定人员编制、房屋和设备标准等指标，以其上年经费所得额为基数确定当年的经费分配额。然而，若以去年的支出成果为基准，而非以合理的成本分析为基础，那么单位成本越高的学校将获得更多的经费支持，因此不利于学校进行成本控制和提高经费的使用效率。

（2）"综合定额+专项补助"拨款模式

"综合定额+专项补助"拨款模式的设计原理是将高校正常运营支出平均分摊到每个学生身上，按照学生在校人数进行补助。这种模式与"基数+发展"模式相比是一种进步，体现了公式拨款法的优点。该模式基于对高等院校的初步成本进行分析，从一定程度上反映了高等院校的成本运行规律，在透明性和公正性方面均有明显进步。但是，这一模式在实施过程中也存在种种不足，具体表现在以下几个方面。

一是单一公式拨款方式无法真实、准确地反映高等教育成本的变化规律，在教育资源十分有限的情况下，微观办学主体会产生低水平的不当竞争行为。同时，由于仅将学生数作为单一政策参数，忽视了拨款机制的多目标要求，无法充分体现多政策参数对高校办学行为的多重激励效应。

二是该模式只考虑招生人数，不考虑实际培养成本、效益回报和高校学科专业特色，因此无法有效地实现政府拨款作为对高等教育发展宏观调控、实现政策目标的主要经济手段的功能，也不利于调动高校在投资日趋多元化的时代主动获取其他资源的积极性，甚至有可能使高等院校陷入无限扩大招生的循环怪圈。

由于两种财政拨款模式均不尽合理，近年来财政部门也在寻求科学的拨款模式，并在现有拨款模式中引入公平与效率的原则，其目的是对财政资金使用的全过程进行监督，特别是做到事前监督。

20世纪90年代以后，中央财政增加了对高等教育的专项资金投入。为了切实发挥教育专项资金的宏观调控功能，原国家教委对专项资金实行项目管理，对项目的立项、论证与评估、执行和监督等全过程进行管理与跟踪，项目结束后通过中介评估机构对投入资金的使用方进行项目使用评估，有力地促进了资金效益目标的实现，包括"211"和"985"项目都采用此形式的拨款。

二、成本管理

（一）高校教育负债的理论依据

高校作为公益事业理论上是不能赤字运转的。高校债务的产生和存在改变了这一理论原则，分析高校贷款的理论依据可为化解债务的财政政策提供有力的理论支撑。

1. 软预算约束理论

20世纪70年代，匈牙利经济学家科尔奈观察到亏损的国有企业由于受到财政补贴或救助，仍正常运行，始终不会被市场所淘汰。他将这一现象称为软预算约束现象。

软预算约束的一般定义：软预算约束是指当一个预算约束体的支出超过了它所能获得的收益时，预算约束体并没有被清算和终止经营，而是通过被支持方不断的救助得以继续经营下去，我们称此时该预算约束体有软预算约束。

经济学家们发现：在传统的社会主义计划经济时代软预算约束会广泛存在，但在市场经济条件下，软预算约束现象的发生则相对地会少一些。

在高校和政府之间，存在一种软性预算限制的现象。由于软性预算限制的存在，高等教育机构更加注重的是如何获取更多政府的附加援助，而非仅仅关注贷款资金的使用效率。同时高校会产生对贷款的非理性过度需求，从而导致高校贷款增速过快。此时为了维护社会稳定政府必然对高校实施经济援助，否则债务风险完全由高校负担，会产生更大的社会风险，从而影响高校的正常教学运转。

2. 受益公平理论

从公平和受益原则出发，教育负债有其合理性。学校基础设施一旦建成，便在基础设施建成后相当长的期间内发挥效用。学生、国家和社会都能从中获得利益。但是，如果建设资金都由特定年份的国家财政和学生负担，这是不公平的。

如果采用贷款的方式筹集资金，该年的税收及学生的学杂费不会急剧增加。而且随着学校的使用，基础设施存续和使用期间的受益人也可通过纳税和缴费来偿还积欠的债务。所以，将贷款与学校的建设性支出相联系，从而使负担与受益相匹配，易于为现实的纳税人和受教育者所接受，并使所有的受益人为其获得的利益付出相应成本。因此，学校可以通过贷款的方式进行长期效益的基础设施建设，但前提是学校必须将贷款用于长期建设项目的投资，并由后来的受益者承担部分债务，这才能确保公平。

3. 成本分担理论

美国教育经济学家约翰斯通的"高等教育成本分担"理论认为：高等教育的各种成本应由政府、学生家长、学生本人、私人或社会事业捐赠者四部分共同承担。这种分担遵循两条原则：一是"收益结构原则"，即根据收益的多少来确定分担的成本份额的多少。二是"能力结构原则"，即由能力的强弱作为分担成本多少的依据。20世纪80年代以来，我国对高等教育首次实行缴费上学，其理论依据就是高等教育成本分担理论。我国在运用成本分担理论时，需要对成本分担主体进行再划分。理由如下：首先，将学生及其家长作为一个统一的高等教育成本分担主体。其次，高等教育也具有产业性，这样的成本只能通过市场由高校自身来弥补。最后，不要忽视企事业单位、社会人士的受益作用。从"收益结构原则"出发，政府、企事业单位和社会人士都是高等教育获益者。高等教育成本分担主体重新划分为：学生及学生家长、高校、社会、政府、企事业单位、社会人士。

高校作为一个非营利性组织，出现债务危机从根本上来说就是事业收入不能弥补教育支出。某一个分担主体缺位势必造成高校经费不足并导致债务风险。

作为一种准公共产品，高等教育在生产过程中同样需要消耗资源，因此需要进行成本补偿，同时也需要进行一定的教育投资。高等教育所带来的外部积极影响决定了国家在高等教育事业中扮演着最终受益者的角色，因此政府在资金和政策方面都是高等教育分担的主要力量。然而，我国高等教育的分摊存在着主体不明确和实际分担比例不合理等问题，这使得政府难以向高校大规模投入资金，因此高校贷款成为一种非常规性的经费来源。同时也可作为弥补政府经费投入不足，减轻政府财政压力的重要手段。

4.委托—代理理论

委托—代理理论产生于20世纪40年代。其核心是在信息不对称的情况下，在委托人与代理人之间通过合理有效的契约关系的制订，约束和激励代理人，在交易成本尽可能低的情况下，实现委托人利益的最大化。

以委托—代理关系为依据来分析，中国高校债务争议来源于委托—代理中契约关系的不完善。首先，政府部门和高校校长之间的委托—代理关系，在这个关系中存在着明显的激励与约束的不对称。只要政府不去控制高校贷款规模，高校理性的选择就是不断地进行校园扩张、征地建设、增加贷款的恶性循环。其次，作为委托人的国家给高校的贷款提供了制度性允许的同时却没有明确贷款到底由谁来偿还。直到2004年教育部、财政部联合颁布《关于进一步完善高等学校经济责任制加强银行贷款管理切实防范财务风险的意见》[1]，明确指出："高校贷款必须坚持'谁贷款，谁负责'的原则。"而此时公立高校大部分贷款已经形成。最后，公立高校债务归属的风险规范制度本身也存在不足。

（二）高校教育成本管理的经济学分析

"成本"是经济学的范畴，随着产品交换而产生，又随着产品经济发展而不断改变其表现形式。它是反映经济活动的一个概念。成本是一种为了实现特定目标而付出的代价，它可以用货币单位来度量。在市场经济条件下，成本管理就是对生产过程中各种耗费进行有效控制，以实现产品或作业成本最低化和利润最大化目标的一项科学管理活动。作为企业管理的重要组成部分，成本管理是企业在市场竞争中脱颖而出、提升竞争力的不可或缺的法宝。

---

[1] 教育部，财政部.关于进一步完善高等学校经济责任制加强银行贷款管理切实防范财务风险的意见[J].中华人民共和国教育部公报，2004（10）：23-27.

1. 准公共产品理论

（1）准公共产品的概念

高等教育成本的分担主要是依据公共产品理论，公共产品理论是西方经济学理论的重要内容。诺贝尔经济学奖获得者萨缪尔森给出定义：公共产品是指消费过程中具有非竞争性和非排他性的产品，也就是不论个人是否愿意购买，都能使每一个成员获得利益的物品；私人产品是指在消费过程中同时具有竞争性和排他性的产品，并且是对他人没有外部收益和成本的物品。高校的公共产品通常需要政府提供，而私人产品则由市场进行有效提供。一般而言，公共产品具有共同消费性质，用于满足社会公共需要的产品和服务。

准公共产品范围较广。从指导实践角度，我们把准公共产品限定在具有较强利益外溢性的产品上，如高等教育就是这类准公共产品。

按照公共经济学的基本原理分析，教育能够提高全民素质和综合国力，具有很强的正外部性特征，所以具有公共产品性质。相对于教育的公共产品性质而言，教育的私人产品性质也不容忽视，并且随着教育层级的提高，私人产品的性质逐渐增强。教育的私人产品性质应当由市场来提供，通过市场配置这部分教育资源将会取得更高的效率。

（2）准公共产品价格

高等教育产品具有公共性与私人性相统一的特点。高等教育服务从效率角度分析，应按私人产品方式供给；若从教育公平性角度考虑，则应按照公共产品方式供给。这就涉及准公共产品的定价问题。

准公共产品价格理论是研究高等教育产业分担时各主体分担比例的理论基石，准公共产品的特性使得真正意义上的市场价格难以形成，因此政府参与准公共产品的定价成为必然。

在准公共产品的定价方式中，价格为0的定价方式与准公共产品1的定价方式均适用于高等教育产品的定价。价格为0就是免费提供，我国计划经济时期的高等教育就实施免费价格。

准公共产品1是具有排他性但竞争性弱的准公共产品，如医疗、教育、保险等，是可以由市场经营的准公共产品。它的价格形成分为私人价格和政府补偿价格两部分的制订，但对公益性较大的高等教育，政府必须实行对等的公共价格补偿，才能达到价格形成的优化和社会福利最大化。

2. 成本分担理论

"成本分担"一词伴随着高等教育收费而逐渐为人们所熟知。著名的成本分担理论的提出，使高等教育成本分担理论成为催生世界学生资助这一理念的理论基础。

政府是教育的主办者也是教育的受益者，因此政府应在其受益范围内支付教育经费；学生也是教育的受益者，也应以学费和杂费的形式支付教育经费；社会公众也是直接或间接受益者，也应以社会捐赠的形式承担教育成本。因此，高等教育成本无论在什么社会体制和国家中都必须由来自政府、学生、学生家长、纳税人和高等学院、社会人士几方面的资源来共同分担。基于这一判断，故在高等教育筹资方面应实行"教育成本分担"。其基本原则有两条：一是利益获得，二是能力支付。这两个原则的运用有一定关联，也存在冲突。从关联看，都要求政府参与提供高等教育，也都要求没有子女上学的居民贡献他们的收入来用于他人子女接受教育；从冲突看，按照受益原则，如果有能力但没有获得教育利益或很少利益，他们就不负担教育成本，这本身与能力原则产生矛盾。

从1997年开始我国普通高校全面实行大学生交费上学，1998年我国制订了《中华人民共和国高等教育法》，1999年起实行以国家拨款为主、多渠道筹资为辅的高等教育筹资新体制，包括财政补助收入、事业收入、上级补助收入、附属单位上缴收入、经营收入、其他收入。目前，我国高等教育培养成本已经由政府、个人、社会共同分担。目前，我们按照日常运行成本来核算培养成本。这一收费标准是否合理，需研究两个问题：一是高等教育的培养成本究竟应该怎样核算，采用何种成本核算方法；二是分担的比例应该怎样确定，即是说学费在培养成本中占多少为合理。这些恰是值得我们探究的问题。

3. 教育成本与收益理论

（1）教育成本的内涵

教育成本问题传统上被划归为教育经济学研究领域，教育成本理论是服务于教育经济效益的研究而产生的。教育投资具有巨大收益性的观点被人们所接受。为了计算教育投资的产出价值，人们提出了教育成本的概念。

"教育成本"概念是在20世纪60年代初伴随着教育经济学的产生出现的。

教育成本不仅要计量教育的直接成本，而且要计量间接成本，即教育成本的内涵是使接受教育者接受教育而耗费的资源价值。

（2）教育成本的界定

高校教育成本是高等教育成本的下位概念，属于会计学的概念范畴，是指高校培养学生所耗费的教育资源的价值。高等教育成本是教育成本的下位概念，属于经济学的范畴。高等教育成本包括三方面内容：一是高校教育成本；二是指学生在接受教育时应由个人负担的个人成本；三是学校公共资金用于教育而损失的收益以及学生因学习而放弃就业带来的机会成本。但对高校来说，是不必考虑机会成本和个人成本的，而要从社会角度考量高等教育成本才具有理论和现实意义。

高校教育成本相对于物质生产领域的产品成本而言，具有许多特性。

第一，高校教育成本的消耗有一定的区间限制。物质生产部门为了取得竞争优势力图降低成本，而高校生均成本则有一定的区间限制，过低说明教育资金投入不足，可能会影响学生的培养质量。

第二，高校教育成本具有双重效益。物质生产部门以利润最大化为财务目标，谋求生产成本的经济效益；高校不仅追求投入与产出、成本的补偿，更看重的是社会溢出效益。全体社会公众共享的社会效益，在经济学中称为溢出效益。

第三，高校教育成本呈递增趋势。物质生产部门的单位产品成本随着技术进步和生产效率的提高呈递减趋势；高校教育成本通过先进的教学方式和手段所耗费的成本会不断增长。这就是所谓的高校"成本病"。

第四，多元化的教育成本分担主体。物质生产领域成本的承担者是最终的产品消费者；在高校教育领域，个人、家庭、国家和社会通过接受或围绕教育活动直接或间接地成为教育成本的分担者。

第五，教育成本的产出效果不易评价。企业成本管理具有很强的指向性，一般是保证产品质量的同时谋求成本的最低化；教育产品复杂而抽象，其对象是教育服务，教育投入体现效果的周期长，单纯的降低成本反而会降低学校声誉。评价学校效益的指标包括泰勒模式、CIPP模式、目标游离模式等，但具体到可操作层面目前还没有权威的评价指标。现在流行的大学排行榜的客观性也有待商榷。

（3）教育成本的具体构成

核算高校教育成本必须划分成本核算范围，只有与培养学生有关的直接费用和间接费用才能列入学生培养成本。高校教育成本核算内容包括以下几点。

工资福利支出：反映单位开支的在职职工和编外长期聘用人员的各类劳动报酬。该项支出包括基本工资、津贴和补贴、奖金、社会保障费、伙食费、伙食补助和绩效工资等。

商品服务支出：反映单位购买商品和服务的支出。该项支出包括办公费、水电费、印刷费、差旅费、会议费、公务接待费等以及用于教学和实验方面的材料费、实习费、资料费、招生费和印刷费。

对个人家庭补助支出：反映用于对个人和家庭的补助支出。该项支出包括离休费、退休费、医疗费、助学金、购房补贴、提租补贴等。

折旧费：教学用和与教学有关的固定资产耗费的价值，包括房屋建筑折旧、专用设备折旧、图书折旧等。

根据高校教育成本的定义，高校只有用于培养学生所耗费的资源才能构成教育成本，高校投入的如用于其他目的，如校办企业支出、后勤服务部门支出、离退休人员经费支出、社会服务成本支出、赔偿捐赠支出等，在教育成本归类与计算中应予剔除。

近年来，国外研究热点围绕"高校教育收费与教育成本"展开。特别是近年来高校收费飞涨，不少家长甚至学者戏言：高校教育成本是个"谜"。此种现象恰恰证明高校教育成本仍然是块"空白地"，有待我们去分析和探讨。

4. 产业特性理论

高等教育产业理念的产生，使高等教育产业与传统高等教育相比有了质的飞跃。在高等教育产业化方面，高等教育对国家产业结构的影响是全局性和先导性的。市场经济规律可以同样用于高校，但高等教育产业整体必须服从国家教育体制总体安排和教育公益性的要求。

高等教育产业与高等教育产业化是两个不同的概念，高等教育产业化是把教育完全市场化、利润化和规模化。在我国经济转型时期，不能把教育产业化作为发展对策。2004年教育部长周济在公开场合表示，教育具有公益属性，因此不能把教育同其他产业、教育同企业等同起来。现阶段，发展民办教育和实行教育成本分担是为了补充国家投入不足，不能认为是产业化。在高等教育产业中，由于高等教育具有外部性和非营利性等特点，决定了高等教育不能市场化。但可以运用市场经济规律，比如高校的科研成果产业化，后勤服务、基本建设和物资购买的社会化，但必须是有选择地运用，而不是一味地服从市场经济规律的要求。

市场化的目标在于赋予学校更大的自主权，减少计划经济的成分，同时发挥市场调节的作用，以充分展现教育产业性方面的潜力。

第三节　新时期高校财务管理创新实践探索

一、高校财务管理模式创新的组织保障

（一）加强财务管理组织机构建设

1. 集中核算

高校所有资金的收支必须由其财务部门进行集中管理，遵循统一要求和集中调配的原则，凡是高校所属的各个部门都不得巧借名目收取各种费用，同时也不得利用手中的权力修改各个收费标准。通过这样的改革方式，可以在无形中从源头加强对高校资金的支配，进而最大程度上提升资金的使用能力及高校自身办学能力。同时，借助这样的方式，也可以从根本上改变高校"重核算轻管理"的做法，提升财务管理在高校经济管理中的作用。

2. 项目控制

我国高校现在采用全面预算管理和项目控制的方式，以预算编制为基础、绩效评价为手段、结果应用为导向，涵盖了所有资金和业务活动。每年编制预算时，应当坚守收支平衡、统筹兼顾、稳妥积极、勤俭节约等原则，确保责任和权利明确并逐级落实，人员经费应当实行定员定额管理，预算安排要做到细致、精确。对于项目经费的审批，可以采用内部部门评审、请专家评审等多种方式。充分证明项目的必要性和绩效性，优化支出结构，细致地划分支出项目，突出项目目标管理的关键性。高校在全面考虑学校整体资金来源和资金需求的基础上，通过科

学合理的方式确定高校全年度的收支总额,并针对每个资金来源和使用制订具体的项目名称,分配明确的资金数额,以确保实际执行的有效性。

3. 绩效考评

为确保权利得到充分实现、责任得到全面落实、效益得到充分发挥,高校应按照管理层次建立学校和部门负责人的经济责任制,并建立完善的经济效益考核评价奖惩机制。成立专门的部门,对校内各部门的经济责任履行情况和经济活动绩效进行全面监督检查和考核评价,及时发现经济管理过程中的偏差、漏洞和其他问题,认真分析原因并采取措施堵塞违规用款行为,严格遵守财经纪律。采用"源头控制、过程监管、绩效评价、奖惩制度"等具体措施,确保高校校属各部门的业绩考核评价科学合理,高校财务管理得以有序统一、控制得当、管辖有效,奖励制度具有实际效用,从而真正实现高校内部责、权、利的落实。

(二)收付实现与权责发生相结合

权责发生制并非突然形成的,其形成受高校收入来源多样化、支出用途多样化,以及强化教育成本管理核算等因素的影响。但是在高校会计核算实务中,我们也必须要充分考虑高校的特点,所以在开展高校会计核算实务中,我们也不能单一地将权责发生制作为其会计核算的基础。为了满足高校内部核算和管理的需要,建议在实施收付实现制的同时,部分采用权责发生制以弥补其不足之处。

二、高校财务管理模式创新的制度保障

(一)完善全面预算管理制度

1. 加强预算执行力度,强化预算约束力

建立符合学校内部预算管理体系和财务管理体制的体系。预算的执行与实现预算目标的成功需要有一个完善的预算管理组织结构和高效运行机制来提供组织保障。学校年度工作的成败与已经审定的财务预算执行密不可分,其对学校事业的发展和规划产生的影响不可忽视。必须加强预算执行力度,严格执行刚性管理指标,以此为基础实现财务管理的有效控制。所有重大项目的经费支出必须经过主管领导的批准,并且必须按照预算中规定的项目内容进行执行。

2. 成立会计结算中心，集中进行财务管理

在保持各单位资金使用权和财务自主权不变的前提下，设立一个会计结算中心。通过实施会计集中核算、加强会计监督和规范办事程序，各单位财务透明度得到进一步提升，财务收支的合法性也得到了更加严格的保障。学校实行全面预算管理，统一渠道进出，集中办理全校各单位的资金和会计核算工作，以保证资金的合理使用和核算的准确性。学校会计结算中心对各单位的进出资金和每项结算业务进行监督，以确保其符合学校的预算、计划和合同，并完全处于学校的监管之下。

3. 预算编制的科学化、规范化

在预算编制过程中，必须根据紧急程度和可行性对项目进行分类排序，并优先安排急需项目，同时实施滚动预算的专项项目。这个项目是可行的，但当初没有安排好，只能推迟到下一年去实施。所有收支项目必须有明确的编制基础，必须有详细而一致的定额标准，逐步实现按人数确定人员经费，按定额确定公用经费，按项目确定专项经费。建立一个专项建设项目库，包括教学基础设施改造、公用服务体系建设、专项设备建设、队伍建设等项目，并根据学校的教育事业发展计划进行不断更新和完善，以使专项建设目标与学校总体规划相协调，从而提高专项资金的使用效益。

（二）健全资产管理制度

1. 建立"大资产"管理体制

成立国有资产管理处，将学校的所有固定资产、无形资产和投资资产等各种形态的资产水平整合，同时在垂直方向上，负责从资产形成到使用过程中的调配，以及最终处置的各个管理阶段和环节，以此改变国有资产多头管理的现状。确立资产权利的产籍管理和实际使用权的管理机制，规范两者管理流程，加强相互监督和制约，以有效遏制资产流失。

2. 加强制度建设，强化管理措施

高等学府应当在遵循国家有关资产管理法规的前提下，根据学校的实际情况，建立一套适用于本校的国有资产管理制度，以确保资产安全完整，提高设备使用效益，实现依法、规范、科学、高效的管理。建立一系列制度，包括购买资产的

论证和采购程序、验收程序、财产管理制度（包括赔偿制度）、使用和维护制度（包括国有资产保值增值制度）、出售管理制度（包括资产调拨、出租和转让制度、资产评估制度等）、报废和报批制度、统计和报告制度、监督和检查制度、考核和评价制度等。

3. 改革和完善高校的资产管理和核算制度

对固定资产进行统一分类，并完善相应的考核指标体系，以确保其有效性。资产管理部门的分类应当与财务制度中对固定资产的分类保持一致，以便于资产管理、统计和账目核对的顺利进行。建立高等教育机构的固定资产管理考核指标框架。根据本校的实际情况，制订一套内部固定资产考核指标体系，以明确固定资产的合理确认标准，并确保其可操作性和实施性。根据不同类别固定资产的特点确定其合理的核算方法，从而达到正确计算出各年度内的固定资产成本及相关数据，并将此信息及时反映在财务报表中的目的。对于固定资产确认标准的修订，需要从多个方面进行界定，包括但不限于效用、使用期限以及单位价值等，以提高固定资产确认标准的准确性。实施资产折旧制度，以保障固定资产的折旧效率，高校应根据自身特点，在不影响正常教学秩序和教学任务完成的前提下，逐步取消学校自行确定折旧年限或折旧率的做法。

4. 完善资产管理与财务管理的内部衔接机制

完善双向管理流程，确保资产的全生命周期管理，包括资产的获取、使用、维护和处置等各个环节，同时资产管理和财务管理应保持动态一致，实现物资和账务的双向对接和信息的同步更新。

5. 充分利用信息技术，实现动态监控功能

尽管公司的各个部门都有自己的信息管理系统，但目前还没有实现这些系统之间的信息共享。为此，我们需要建立一个综合的信息管理平台，将各个部门的数据整合起来，从提高办公效率入手，逐步实现公司信息化、数字化、集成化。

三、高校财务管理模式创新的强化内部审计制度

（一）组织重视，制度健全

高校管理层需要充分认识到，内部审计工作对于加强内部管理、促进党风廉

政建设等方面的作用和意义至关重要。只有领导高度重视，内审工作才能得以顺利展开，并且内审工作的质量才有可能得到提升。学校应制订完善的内部审计规章制度，定期对审计工作进行研究、部署和检查，及时批准年度工作计划和审计报告，监督审计意见或审计决定的执行，确保内部审计工作的规范化和常规化。建立完善的内部控制制度、制订有效的内部审计工作报告机制、建立高效的内部审计成果运用机制、建立科学的内部审计工作考核机制，同时加强内部审计人才培养。支持内部审计机构和审计人员在法律框架内履行职责，同时提供经费保障和良好的工作环境。奖励和表彰内部审计机构和审计人员，以表彰他们在成绩方面取得的显著成就。

（二）合理设置，增强独立性

建立一个独立的审计机构，遵循职责明确、科学管理的原则，确保该机构配备专职审计人员和具有内部审计资格的人员，并根据需要聘请特约和兼职审计人员。同时，在机构设置时，应考虑领导岗位的分管和审计独立性的增强。

（三）加强内部审计队伍建设

高等教育机构的内审领域十分广泛，这就要求审计人员不仅需要具备财务和会计方面的知识，还必须掌握经济管理、计算机科学、工程技术等多方面的知识。因此，高等教育机构应当选拔那些具备卓越业务素养的人才，以支撑他们在审计领域的工作；另一方面，为了提升内审人员的专业素养，必须进行系统化的培训，以加强其工作能力和素质。只有这样，才能保证审计工作质量和效率，为学校各项工作提供高质量服务。

（四）积极沟通，确保内审结果客观

内部审计的纪律性必须得到加强，以确保内部审计人员的工作质量和效率。如果遇到可能影响审计独立性的工作，可以采用分工合作和信息共享的方式来解决。与学校领导沟通汇报是为了让他们明白，审计并不是我们的职责，以免被指派这样的任务。如果沟通无法达成共识，那么内部审计人员会明确自己所从事的非审计业务，并将相关运营活动的审计任务分配给其他内部审计人员来执行。只有这样，内审人员才能相对独立地进行审计，审计结果才会更加客观。

(五)拓宽范围,充分发挥内审职能

除了财务收支审计外,高校内部审计还包括对学生费用、预算执行和决算、资金使用和管理、专项教育资金的筹措、拨付、使用和管理、固定资产的使用和管理、基建和修缮工程项目、对外投资项目以及校办企业投资项目的审计,同时还要保证内部控制制度的健全和有效,评估资金风险和效益,并处理本部门、本单位主要负责人和上级主管部门交办的其他事项。高校中,商业贿赂的频繁发生主要涉及五个方面:设备采购、图书教材采购、学生日常用品及校方消耗品采购、基础设施建设以及班级管理。这些领域通常是高校内部事故频发的热点,因此在内部审计时需要格外关注。

四、高校财务管理模式创新的财务评价

(一)高校财务评价的体系

只有在清晰明确高校财务职责、目标和会计核算标准的基础上,才能对高校财务进行准确、合理的评估。财务评价体系中包括了对财务风险的评估和财务预警的监测。高校在运营过程中,由于资金运动可能会面临风险,因此需要设置一套基于经济管理科学技术经济分析方法的高校财务预警系统来进行财务分析指标体系的评估。高校财务评价系统的目标是通过合理的标准和可比性的原则,建立相关的量化指标,对高校的资金使用、财务管理和财力情况进行分析和评价,从而提高高校财务管理水平和办学效益。利用该系统可以及时发现高校之间的差异,并揭示潜在的问题,为决策者提供客观依据,同时也能对高校财务运营中可能存在的风险进行预警和预测。

(二)高校财务绩效评价的原则

在建立高等院校财务绩效指标体系时,建议遵循以下原则:第一个原则,确保所有指标具有一致性。设计评价指标时,需要考虑统计、会计核算和业务核算之间的联系和一致性,以确保这三者之间的信息资源可以共享。在进行专业评价、部门评价和综合评价时,必须遵守我国国民经济核算体系的一致标准,以此为基础来制订评价指标。第二个原则是要整体化,也就是把所有的部分都看作一个整

体来处理。评价高校绩效的指标应该多元化，能够全面反映高校的总体表现，同时也需要突出有限目标，强调指标之间的相互独立性，比如教学绩效和科研绩效应该分别独立评估。长远的利益应该是优先考虑的原则，这是第三条原则。财务绩效评价体系的应用常常具有导向性的作用，使被评价者往往会为追求短期利益而忽视长远的发展。因此，建立指标体系时必须充分利用导向作用，同时关注被评估高校的可持续发展能力。原则四，需要不断调整和完善以适应不断变化的情况。在评估财务绩效时，应当全面考虑各方面因素。

第三章 新时期高校人力资源管理

本章对新时期高校的人力资源管理进行了描述。第一节分析了高校人力资源管理的现状,第二节介绍了新时期高校如何加强人力资源的稳定管理,第三节则详细介绍了高校人力资源管理信息化服务的建设。

第一节 高校人力资源管理现状分析

一、高校人力资源管理存在一些问题,迫切需要改革

高等学府的人力资源主要包括四大部门,分别是教学科研人员(包括实验辅助人员)、党政管理人员、后勤服务人员以及20世纪90年代衍生出的校办产业从业人员。

在大学里,人才资源是人力资源的核心,而人力资源的覆盖面也包括了人才资源。目前,高校拥有最丰富的人力资源,但也面临着最严峻的人才短缺问题,这种状况导致高校各项功能无法正常发挥,主要是因为人力资源的配置不当。目前,许多高校存在着师生比例失调的情况,有些高校还存在着行政领导人才缺乏,而管理人员过多,高精尖人才缺乏,而一般教师过剩,教研人员比例不足,而非教研人员比例过高,资深教授空置,年轻教师负担过重,教学型教师过多,科研型教师不足,一般性研究人员过多,应用开发型研究人员却非常稀缺。此外,一些新开设的专业和公共基础课程也存在着各种不同的问题。

(一)尚未确立起人力资源是第一资源的观念

一些高校管理者对于新兴的人力资源管理理论缺乏了解,仍然重视传统的人

事工作，他们认为高校的发展只需要不断地投入资金，而没有意识到真正的瓶颈在于缺乏高素质的科技人才队伍。在如何吸引和聚集人才的问题上，仍然没有达成一致的看法，但有一点是肯定的，那就是通过创造优良的工作和生活环境来吸引和聚集人才是至关重要的。

（二）人才资源管理观念未能与时俱进

教育一直是计划经济的最后一道屏障，高等教育作为战略性产业在计划经济体制下扮演着独特的角色，因此其受到的计划经济体制的影响更加深远。高校管理中，人力资本的行政配置和人事管理的行政性垄断问题已经根深蒂固，人事管理机构的设置和任务分配完全沿袭了教育行政部门的体系。这个地方的入口宽敞，但出口却十分狭窄；能够攀登到高处，但却无法顺利下降；工资分配的方式像是"大锅饭"，完全体现了计划经济的特点，而人事管理的效率则被拖延在琐碎的事务上。高校越来越依赖政府支持，而对市场的反应迟钝。他们更愿意接受政府的评估，而不是经过市场的考验。高校管理越来越僵化，失去了自主性和改革的动力，也忘记了人才资源管理的特殊性。因此，他们无法在人才资源管理方面实现重大突破。

（三）人力资源管理机制研究不够

从某种意义上来讲，传统的思维方式及教育体制存在一定的弊端，这些都在无形中限制了高校人力资源管理。在传统管理思维的影响下，管理者将大部分的精力集中放在事务性工作之上，从而忽视了对人力资源的管理方面的研究。"终身制""能上不能下"这样的职务观念，在人们的心中根深蒂固，由此可以看出，加强对人力资源管理的研究，创新人力资源激励机制具有十分重要的意义，这也是我国高校人事改革的重点。

（四）人力资源缺乏合理配置

由于高校内部人力资源市场机制不完善，人力资源整体性开发不足，缺乏科学、符合高等教育规律的人力资源管理手段进行规划和管理，导致高校内部人力资源配置不合理，人才的职务结构、学历结构、学院结构和年龄结构无法满足教学科研工作的需求。

（五）人力资源流动不畅

由于长期受到计划经济观念的影响，高校人事管理中的行政配置性和垄断性问题根深蒂固，再加上社会保障体系和人才市场的人事代理机制不完善，导致人力资源流动困难。高校聘用临时工具有较大的自主权，非教学人员缺乏合理的流动机制，从而导致这类人员的隐性过剩问题更加严重。另一方面，长期专业人才因无法适应市场需求而呈现出相对过剩的现象，而热门专业则出现了蜂拥而上的趋势，缺乏规划，为未来市场饱和后可能出现的人才过剩问题埋下了潜在隐患。

（六）科技人才资源管理方式与管理特征落后

这项工作需要处理许多琐碎的细节，但缺乏战略性的考虑。这种方法基于经验而非技术，虽然意思相似但表达方式截然不同。只注重表面问题的处理，忽视了根本原因的解决。高校改革的进展受到了上述问题的根本阻碍，高校科技人才资源效益的发挥以及高校科技人才资源管理创新机制的构建受到了严重制约，从而影响了高校科技事业的可持续发展。

高校人力资源改革的紧迫性显而易见，不能被忽视。在战略层面上，人才被视为最关键的资源已经被广泛认可。

国家的竞争力关键在于人才的素质和数量。在综合国力的竞争中，经济实力和科技实力是最为关键的因素，而当代科技革命则使得人才成为决定性的竞争优势。

高校人力资源改革需要考虑到人力资源的双向性，即配置主体和客体都是人，他们都有自己的主观能动性，如果这些能动性能够得到正确的引导和适应，那么人力资源的配置就能够得到优化，否则就会出现问题。这就是高校人力资源改革必须要考虑到的社会工程和系统工程的本质。只有高校各个部门、各级别和全体教职工共同努力，才能确保高校人力资源开发工作的成功，从而为社会经济和科技进步提供有效的服务。

高校人力资源的开发和优化配置是一项紧迫而必要的任务，必须以合理科学的方式进行。

二、目前高校人力资源管理的现状

(一)人力资源管理缺乏科学性

从理论上来讲,高校已经经过了传统的人事管理、人力资源管理以及战略性人力资源管理三个发展阶段。目前,大多数高校的人力资源管理理念仍停留在传统的人事管理阶段,管理者的指导思想和工作方法都相对落后,缺乏对人力资源管理观念的深入了解,仍然忙于具体的繁重事务性工作。因此,高校的人力资源管理尚未达到战略性人力资源管理的水平。传统计划经济观念对高校人事管理造成了深远影响,导致人力资源的行政配置和垄断性问题根深蒂固。部分高校在人事工作中,往往墨守成规、循规蹈矩,过分注重职称学历,忽视了人力资源的终身教育和个体需求,只注重组织建设。重视人力资源的开发管理,不仅注重人力资源的一般使用,更注重激发员工潜力和提升能力。

太过注重数量规模,而忽略了人才素质的重要性。很多高校在引进和培养人才时,过于关注数量和速度,而忽视了人才的质量和综合效益。因此,一些院校的某些部门在人才开发方面过于追求速度和规模扩张,导致已经开发出来的人才资源在实际工作中无法充分发挥作用,从而导致人才开发与实际工作的脱节,进而导致人才供需结构失衡。

我们过于注重引进开发,而忽略了相应的配套措施。有些大学为了吸引人才,制订了许多优惠政策,但这些政策过于宽松,只要是拥有"双高"(高职称、高学历)的人员就可以引进,而不考虑他们是否适合岗位或能否发挥才能,这种做法忽视了人力资源的匹配性。有些高校只注重对教师进行培训,或者将学生送出去参加委培,但是却缺乏相应的机制来合理利用他们培养出来的人才,导致存在一些不合理的现象,比如有些人才学得很好但是没有得到很好的利用,或者被用在了不适合他们的领域,或者被高估或低估了。

(二)人力资源配置不够平衡

由于高校内部人力资源市场机制不够完善,人力资源整体开发不足,缺乏科学的、符合高等教育的人力资源管理方法和手段,导致高校内部人力资源分配不平衡,结构不合理,无法满足教学科研工作的需要,尤其是在人才职务、学历、年龄和职称结构方面存在不适应的情况。

职称体系缺乏适当的结构。一些大学的年龄结构出现了"断层",导致许多年轻教师中,拥有助教或讲师职称的人占据了大多数。某些学科缺乏足够数量的教授级人才,这将不可避免地对教学和科研等方面产生一定的负面影响。职位层次结构呈现四边形扁平形态。组织的管理结构可以分为高级管理层、中级管理层和基层管理层。根据现代控制论的研究结果,最适宜管理结构为一个领导者管理七个下属,这是管理幅度的一般规律。[①] 有些大学的组织结构呈现出"四棱状"形态,高层领导人员极少,中层领导人员占绝大多数,而基层人员则相对较少。由于人力资源配置不合理和低效率,导致各层次、各岗位人员的调度不合理,从而浪费了大量人力资源,同时也阻碍了高校深化改革,使其无法适应国内、国际市场竞争的要求。

(三)人力资源管理机制不够健全

近年来,我国高校人事管理的观念发生了一定的转变,人们逐渐接受现代人力资源管理观念,在这个过程中,我国高校人力资源管理工作取得了一定的成绩,但是我们在庆祝这一成绩的同时,也应看到我国高校人事制度改革存在的问题,即改革流于形式,鲜有可供实施的具体措施。传统的思维方式依然是阻碍我国高校人事制度改革的绊脚石。根据我国高校现状,一些高校尚未制订科学合理的人力资源管理规章制度,这将影响学校的长远发展,无法为学校提供可靠的人才保障。长期战略在人才规划设计中缺乏,导致人才培养变成了一种形式,人才引进后更注重使用而轻视培养,这对高校及教职员工的可持续发展产生了阻碍。

(四)人才流失较重

在高等教育机构中,教师享有相对较高的自由度,除了授课外的时间可以自由安排,这在一定程度上为人员流失创造了条件。许多人因为受到就业压力的影响,感到直接参与社会竞争的能力还不足,因此他们不断努力攻读博士或硕士学位,以提高自己的学历水平,以适应日益竞争激烈的就业市场需求。为了有足够的时间学习备考,许多人选择从事自由度较高的教育行业,因此这部分人成为高校人才流失的主要群体。有些人到了高校后,对自己的定位非常高,认为自己所

---

① 秦志华,蒋诚潇. 组织行为学 [M]. 大连:东北财经大学出版社,2013.

从事的工作岗位无法完全发挥自己的优势和特长，或者感到自己没有得到应有的成就感，因此容易对所在单位产生失望感，最终选择离开高校。这些人员的流失对高校人力资源构成了重要的损失，必须引起足够的关注。

（五）人力资源配置结构不合理

尽管社会主义市场经济体制已经得到了完善和发展，但计划经济体制的影响仍然存在。由于计划经济体制的影响，许多高校仍然坚持行政安排至上的原则，未能有效改变这种现状。由于缺乏全面了解人力资源情况的能力，高校在进行人力资源配置时容易出现问题，其中表现为：行政管理人员过多，而基层工作人员不足；新设专业教师不足，而老专业教师占比较高，师资力量与专业调整不够适合。高端人才匮乏，而一般劳动力过剩。无论是科研型教师与教学型教师比例不当，还是教学与科研关系难以协调，这些问题都需要得到妥善解决。由于人力资源优势未得到充分利用，导致了人力资源的浪费，这一情况在一定程度上存在。

三、加强高校人力资源管理的对策及建议

（一）与时俱进，实现观念转变

高校人力资源管理的未来方向在于打造具有中国特色的管理模式，其中包括树立人力资源是第一资源的理念，强调人才强国、人才强校的重要性，建立科学的用人机制，充分挖掘和利用人力资源，使高校内各类人才能够发挥自己的才能、贡献自己的智慧，最大限度地推动学校的发展。

（二）以人为本，实施人才战略

在高校的办学过程中，必须始终坚持"以人为本"的原则，确立教学和科研为中心的核心价值观，塑造正确的人才观念，建立科学合理的用人机制，将"人才工程"作为最优先的工程来加强推进。高等教育机构是聚集人才的场所，也是知识精英施展才华的平台，同时也是各类人才不可或缺的组织。因此，高校在选拔人才时应该以渴求才能、洞察才情、肯定才德、包容才华和勇于使用才能为原则，挑选出适合高校需要的知识创造、知识传授和知识应用开发等方面的教学研

究人员以及有开拓精神和能力的管理人才，使人才的比例适当、配置合理、素质各异，以满足高校功能的发挥和实际需求。

人力资源的成功取决于其理念，因为它是人力资源工作的基础。如果人力资源理念缺乏清晰度，那么就很可能出现人力资源政策的不协调现象，这将直接对人力资源工作造成损害。因此，高校需要建立良好的人力资源观念，对于人力资源的配置（如规划、招聘、晋升、调配、轮岗等）、培训（如政治理论、职业道德、业务能力等方面的培训）、工资福利、制度建设等方面进行全面考虑和统筹规划。良好的人力资源理念应该认真思考以下三个关键问题：首先是需要哪种类型的人才，其次是如何更好地吸引这些人才，最后是如何充分发挥他们的作用。只有这样，我们才能够真正做到引进、留住和用好优秀的人才，从而实现高校人力资源工作的最终目标。

（三）开发人才，提高整体素质

高校人力资源开发是指通过多种有效的方式，提高教职工的工作能力和业务水平，以及增强组织的业绩，这是一项有计划、连续性的工作。在人才的开发和利用中，培养人才是不可或缺的一环。高校在培养人才时应该坚持理论与实践相结合、知行合一、注重实际效果的原则，以确立培训的内容和目标。高校教师的培训需要基于继续教育和终身学习，不仅要注重提高学历和教育培训，还要重视创新精神、创新意识、创新技能等方面的高新技术和先进技术培训，以培养创造型人才。同时，要建立规范的师资培训机制，坚持注重重点培养和整体素质提高相结合的原则，以提升教师队伍的质量为目标，重点关注中青年优秀教师的培养。努力培养具备卓越学术能力和领导才能的学术领袖和年轻教师，不断提升学校的教学和研究水平。除此之外，我们需要强化高校教职员工的政治思想教育，以培养他们优秀的职业道德和敬业精神。高校要想提升自身的综合实力，必须注重引进各类所需人才。为此，高校应该采用多种方式、多个层次，吸引更多的人才加入，同时提供良好的环境和条件，为他们创造舒适的学术氛围，从而不断壮大人才队伍，提高高校的整体实力。

（四）任人唯贤，建立有效激励机制

招聘人才是一项非常重要的策略，它能够为企业带来巨大的发展空间，当然

如果一不留神，也可能会错过时机，更严重的则可能导致失败。因此，高校应该注重以下三个方面来应用人才：首先，需要确立正确的人才使用机制。高校应当遵循"以人为本，效率优先，兼顾公平"的原则，积极吸纳人才，实行唯才是举，充分发挥人才的潜力和能力，在选拔、使用、奖励等方面实行公开、公平、公正的原则。同时，要根据不同的需求设立不同的岗位和职位，根据职位的特点选择合适的人才，坚持"用人不疑，疑人不用"的原则，让每个人都有发挥自己才能的机会和空间。在工作中，要实行大才大用、小才小用、专才专用的原则，充分利用各种人才的优势和特长。其次，需要建立一套合理的评估体系。绩效考核不仅是评估工作成果和个人表现的重要手段，还直接关系到人才选拔、激励和惩罚，因此必须制订可操作的考核方案和建立合理的考核机制。因此，高校需要制订一套合理、公正的考核评价机制，以确保竞争公平、有序，让有才华的人得到应有的认可和发展机会，让真正优秀的人才脱颖而出。最后，必须制订行之有效的激励措施，以激发员工的积极性和创造力。高校应该严格按照需求设定岗位，根据优势选择人才，并按照工作职责、贡献大小等因素合理确定员工待遇，实行按劳分配、优秀者更优待的原则。同时，应该改革分配制度，建立以实绩、贡献为重点的激励机制，以吸引更多高层次人才和重点岗位的人才加入。

高等教育机构的人力资源可以被划分为四类：负责授课的人员、从事科学研究的人员、行政管理人员以及从事服务工作的人员。高校应当根据实际情况，合理地配置人力资源。首要的任务是要了解全校人力资源的情况，包括人力资源的发展需求、兴趣爱好等，以便能够作出正确的决策。其次，应该在深入了解员工的背景和能力的基础上，巧妙地安排工作岗位，让每个人都能充分发挥自己的才华。再次，选拔干部应当遵循公开、公平、公正的原则，并且在选拔过程中注重革命化、专业化和年轻化的要求。不应该局限于某些条件或标准，而是应该积极发掘真正有实力、有能力的人才，以建立一个有利于优秀人才脱颖而出的良性机制。最后，高校教师是非常重要的资源，应该注重合理分配和组合，根据专业需求和教师的教学、科研等方面的能力进行合理配置，以充分发挥教师的作用。确保工作岗位与人员的匹配度，对于不能胜任的人员及时进行调整，以避免浪费人力资源和对工作的不利影响。

（五）优化配置，建立科学管理机制

随着教育体制改革的不断深入，高校人力资源市场必须适应市场经济发展的需求，打破过去的封闭管理模式，建立以市场为导向的人力资源管理机制，实现高校内外人力资源市场的统一和整合。首先，建立合理的人才流动机制，以实现人力资源的最优配置。高校可以采用一种科学化的教师队伍管理模式，即在建立相对稳定的骨干层的同时，形成流动层，实现教师的有序进出。此外，高校之间可以进行资源共享、互聘教师、设立客座教授制度等措施，同时也可以聘请专家、教授来校短期工作，借助他们的业务实力，提升学术科研水平。另外，高校还可以向社会招聘教师，返聘高级专家等多种方式来拓宽教师来源渠道，促进教师资源的合理配置和有效利用。其次，我们需要创造一个优越的职场环境，以促进和加强人才队伍的发展和壮大。一个良好的工作环境不仅仅是一个舒适的工作场所，更是一个人际关系良好的工作环境。高校在面对激烈的人才竞争和市场竞争时，应该在人力资源管理过程中注重人性化管理，将人性化管理的理念融入高校人力资源管理的各个环节中，重视人的差异性和层次性，强调人的不同需求，突出人的主体性和能动性，充分重视高层次人才的合理使用，并采取一系列有效措施，对现有的优秀人才在政治、工作、生活和待遇方面予以信任、重用、关心和优惠，真正做到"事业留人、待遇留人、环境留人、感情留人"，使他们能够安心本职工作，乐于为高校的发展做出贡献。只有不断增强高校人才队伍的实力，提升高校整体素质和综合实力，才能实现高校的可持续稳定发展和全面腾飞。

高等院校是汇聚人才和培养人才的场所，其肩负着重要的任务，包括人才培养、知识创新和社会服务。为了培养出优秀的人才，高等教育机构必须拥有一支高水平的师资队伍。只有拥有优秀的教师队伍，才能造就一支高水平、高质量的师资队伍，进而提高教学质量、科研水平和管理水平。在实践中，我们应该始终秉持科学人才观，坚持以人为本的原则，优先发挥人才的作用，并充分考虑人才的优势和特长。以提高能力为中心，以创新人才机制为动力，以培养高水平人才为重点，以优化人才队伍结构为主线，以加强人才激励为突破口，全面推进人才培养、吸引和使用，积极拓展国内外人才资源，聚集各类优秀人才，不断提高高校人才的知识创新能力、教育教学能力和社会服务能力，大力加强高校人力资源开发和管理，打造一支道德高尚、业务精湛、规模适宜、结构优化、充满活力的人才队伍，为高校跨越式发展提供强有力的人才支持和智力保障。

人才并非与生俱来，而是通过不断地培养和持续的发展而逐渐形成的。随着社会经济的快速发展，企业竞争日趋激烈，而人才作为一种特殊资源在市场竞争中占据着十分重要的地位。因此，在人力资源开发中，培训是一项至关重要的任务，它可以提升人力资源的整体素质，形成协同效应，从而最大化人力资源的效益。高校提升人力资源质量的有效途径之一，是通过对教职工进行系统化、专业化的培训。为满足"政治强、业务精、作风正"的要求，全校教职工将接受培训，以提升其政治素养、思想品质、专业技能和工作能力。通过实施全员培训和分类培训等形式，不断加大培训力度，切实把人力资源开发落到实处。为了确保高校人力资源工作的顺利开展，必须对负责人力资源的具体部门工作人员进行系统化的培训，以使其具备现代人力资源开发的理念，掌握适应新形势的人力资源开发、管理与优化配置的思路与方法，从而为高校人力资源工作的顺利开展提供坚实的人力基础；同时要加强思想理论学习，不断增强他们的综合素养，树立良好的职业形象。其次，加强后勤管理队伍的思想政治工作和职业道德建设，为广大教职员工提供健康向上、积极向上的生活环境，营造一个温馨和谐、充满活力的校园氛围，从而实现学校育人目标，培养合格人才。再次，应加强全校教职工的科学研究意识，要求他们在不同的工作领域内深入思考，不断探索，形成良好的学术研究氛围，以促进工作的顺利开展。最后，要加强教师与学生之间的沟通和交流，建立起一个和谐融洽的师生关系，从而为学校管理提供有利的支持。借助全校教职工的主观能动性和积极性，紧密团结，共同致力于学校的发展，从而充分发挥人力资源的作用。

第二节 新时期高校加强人力资源稳定管理

一、新形势下高校师资稳定管理的重要性

过去很长一段时间以来，高校中关于教师队伍的管理模式是比较封闭式的，长期以来，校内教师多处的环境都是相对固定的，没有特殊的变化，因此，对于社会间和人际的交流并不是很通畅。近年来，各校之间教师对流以及教师流向非

教育单位的现象越来越突出。

对我国高校来说，市场经济体制和知识经济时代的到来为教育人才资源管理带来全新的外部环境，也对教育人才队伍稳定管理提出了更高的要求。

（一）高校师资稳定管理面临新挑战

长期以来，高校中关于教师队伍的管理模式是比较封闭式的。校内教师所处的环境大多是相对固定的，在学校中担任一个固定不变的职务，缺少社会间的交流和校际间的人员交流，实际上是一种人才"单位所有制"和"职位终身制"。随着市场经济体制的逐步完善，尤其是人才市场建设逐渐深化，市场机制对包括高等教育人才在内的各类人才资源配置的基础性作用逐渐显现出来。高校师资封闭式管理显然与这一趋势相悖，造成师资流动障碍，不利于有效配置和利用高教人才资源。

人才在市场机制的调节下平等竞争、开放交流相对于人才单位所有制和职位终身制是一个历史性的进步。通过这些交流，人才易于寻找到最能发挥自己能力的工作，也易于实现人才的优化组合，有利于整合形成强有力的科研团队，学术上可以互相交流，取长补短，尤其是竞争机制的引入有效地激发了高校教师教书育人的积极性和知识创新潜力，这对于增强我国人力资源开发能力、活跃国家知识创新和传播体系、提高高校办学和科研水平乃至提升国家综合竞争力无疑具有重大意义。

但是，这种市场化取向的师资配置体系也在一定程度上造成了人才的无序流动现象，特别是一些弱势高校难以留住教师，人才大量流失，严重影响教学秩序、学校稳定和人才培养质量。有时候学校很长时间艰难地招聘到几个较为优秀的人才，结果却在同一时间以不同的理由开始陆续调离，学校人才真可谓入不敷出。优秀的师资队伍是教学质量和教育发展的重要前提，没有优异的教师队伍根本无从谈及教育的稳定和发展。所以，优秀的教育人才是很多高校当前必须解决的主要问题。

由于市场机制在教育人才配置中发挥着基础性作用，人才由封闭的单位所有制向开放流动、实现社会共享转变，人才由"单位人"向"社会人"转变，高校过去用以控制人才流动的行政手段如户籍、人事档案、人事编制等将失去效力，只能将人才"卡"在花名册上而不能留住他们的"心"和"智"。有的高校为了不让人才外流,采取了许多硬性措施,"压才、卡才"甚至"误才"的现象时有发生。这些行政手段既难以控制教师的显性流失(表现为教师频繁的校际流动和向其他行业跳槽),更不能控制教师的隐性流动,普遍存在"留人容易留心难"的问题(表现为部分教师的主要时间精力由校内教学科研转移到校外兼职创收),这就使高校从身心两方面稳定师资队伍面临很大困难。

由于市场经济体制下传统行政控制型师资稳定管理模式正在失去效力,因而推进师资稳定管理模式转型,重新建立与高校聘用制相适应、能有效吸引教师留职的师资保障体系是一项紧迫的任务。这就必须对人才流动中的无序现象和不正当竞争采取相应的措施。高等院校应逐步完善聘用合同制,在竞争流动的同时,建立有效的人才稳定管理制度,以法制的形式,运用聘约合同、经济手段等方法完善高校自我保障体系,形成一种有序的教师流动管理格局。在高校创建新的教师留职激励机制,鼓励教师自愿留职而不是以行政手段控制他们的人身自由,既有效留住人才,减少师资流失,又保持他们的工作积极性、知识创造热情和学校归属感,从根本上实现与高校人事制度嬗变相对应的师资保障体系重建。

(二)优质稀缺性人力资源的作用越来越重要

现代社会属于知识经济时代,在这个时代,人力资源的知识和能力更加倾向于成为知识型产业的核心竞争力。高校作为知识和人才高度密集型行业更是如此,其竞争力在根本上取决于教师资源质量的高低及其数量的多少,这些是优质稀缺性人力资源成为高校建设重要对象的关键因素。优秀教师(如学术前沿的权威专家、学科带头人)的教学和科研水平很高,属于典型的优质稀缺性人力资源,具有比一般人力资源高得多的价值。可以说,当今时代高校间的竞争已逐渐演变为对关键要素——优秀人才的争夺。

高校是以传承文明和知识创新为使命的机构组织,只有重建与高校聘用制相协调的能有效激励教师留职的师资保障体系,才能吸引和保持一大批高素质适职人才献身于高教和科研事业,为高层次人力资源开发和知识创新传播提供师资保障。这是保证教学质量和提高科研水平的条件,是高校顺利改革和高等教育事业稳定持续发展的前提,更是实施科教兴国战略和人才强国战略的基础。这是一个在理论方面和实践方面都有重要意义的课题。其理论意义是在人才方面重构与市场经济相适应的人才保障管理理念、管理机制和管理流程，实现师资稳定管理模式的根本转变；实际意义是为高校聘用制改革中的师资稳定管理实践提供可借鉴的有效操作模式，以此来保证高校人事制度改革中的人才流失风险获得一定程度的下降，从而实现高校教师队伍相对稳定的有序流动。

解决这一问题的思路是：在研究高校聘用制改革对师资流动与稳定的影响的基础上，分析事后行政控制型教师流动约束模式的现存问题，探索市场经济体制和聘用制条件下高校推进师资稳定管理模式转型的基本方向，构建适应市场经济体制和高校教师特点、以事前预防离职为主与事后留人相结合、流动约束与留职激励机制并重的高校师资保障体系，为高等教育事业提供可靠的人才保证。

二、推进高校教师稳定管理转型

随着市场经济体制的发展，传统的行政控制手段已经无法有效地遏制人才的流动，导致教师的无序流动问题日益凸显，尤其是西部地区高校教师过度流失问题备受各界关注。

高校稳定教师队伍的关键是推动高校师资稳定管理模式转型，重建能有效留人的师资保障体系。这种转型的基本方向是遵循市场规律和教师特点留人，事前预防与事后留人相结合，流动约束机制与留职激励机制相结合。

（一）遵循市场规律和教师特点留人

现在是信息化的社会，高校需要知识型人才，因此高校既要遵循市场规律又要根据教师的特点制订相应的稳定管理措施。

1. 维持流动成本高于流动收益是市场经济条件下留住教师的前提条件

在市场经济的背景下，教师的流动决策很大程度上取决于流动所带来的成本与收益之间的平衡，若流动所带来的收益超过了成本，则会促使他们做出跳槽的决策。教师的流动收益是他们到另一所高校去可得到的较高待遇，高校为了阻止他们外流就需要维持较高的教师流动成本，尤其是较高的流动机会成本和心理成本，才能成功地留住他们。

主要包括两个方面的措施：一是物质收益，二是精神收益。高校给予教师优厚的物质基础和精神待遇，增大流动机会成本和心理成本对于留住人心十分必要。

2. 权衡教师人力资本专用性和不可替代性的强弱程度给予合理的报酬

一般来说，高校教师的教学水平都是长期积累而成的，存在不可替代性。这种不可替代性使教师具有得到很高收益和权力的潜在可能性，他们期望不仅得到优厚的工资、福利，还要位居要职、掌控和运用重要资源、拥有很高的地位和声誉、得到特别的尊敬和一定的高校剩余控制权。如果本高校未给予这些待遇、地位、权力和尊敬，他们就可能会产生离职意向。

当然，多数教师有着丰富的经验和较好的技能，专业性比较强，但是可能他的专业性只适用于现在的学校，对于别的高校或许不存在什么特殊的意义。教师知识水平的专业性对于教师的流动会产生一定的制约作用，这些制约作用成功地为高校保留部分人才作准备，也成为教师不能随意地更换岗位的一道屏障。由于教师的专业性并不是绝对的，是一定情况的变量，所以仅以此专业性来作为限制教师人员流动的屏障是不明智的。除了专业技能，一般优秀教师具有很强的流动能力，因为他们拥有的杰出技能可以适用于其他高校，特别是他们出色的教研能力、丰硕的科研成果、显赫的学术地位和声望以及优秀的个人品格（如：勤奋、机敏、创新等），能够使他们在其他高校中经过一段适应期后，很快取得出色的工作绩效，得到领导的赏识，进而成为新高校的骨干教师。

3. 根据教师特殊的心理需要，培养他们对学校和高教事业的忠诚感

虽然用来稳定一般人才的管理方式，对于留住教师也有一定效果，但是效果不显著。只有在透彻研究教师基本心理特征的基础上，选择有针对性的措施，才能产生良好的人才保留效果。

教师特殊的心理需要是高校进行稳定管理时应当予以高度重视的主观因素。随着市场机制越来越渗入教育领域，在教育人力资源配置中发挥重要作用，高校教师流动的自由度显著提高。高校只有倾力让教师的物质和精神需要都得到满足，激励他们自愿长期留职，才能保持一支相对稳定的师资队伍。值得特别重视的是他们的特殊职业所产生的精神追求。他们当中有这样一些教育职业忠诚者，他们在高校长期的工作和生活中产生了对教育和科研的热爱与眷恋之情，这是激励教师为高教事业献身的巨大凝聚力量，以至于别的行业用高薪都不能诱惑他们离职。

其次，教师的自尊需要也很强，如果学校对他们有怠慢失敬之处，他们就有可能感到不满和怨愤，以至于负气离校而去。

为此，高校要着力培养教师的高教忠诚感，这需要通过高校文化建设来实现。高校的文化建设要使学校的教育理念和价值观汇入教师思想深处，使他们真正领会到大家都是为了共同追求的高尚事业走到一起来，应努力为高教事业作出贡献，而不应一味争夺个人名利。高校文化建设应把培养教师的高教忠诚感当作一项长期的潜移默化的工作，犹如"随风潜入夜，润物细无声"的春雨，逐步使他们树立起坚定的学校归属感和对高教事业的献身精神。这样的教师才是其他行业用钱挖不走的可以依赖的骨干力量。相反，如果仅仅用物质待遇留人，不仅成本高，而且不一定能留住人，当其他单位给的钱多时他们就会跳槽而去。

（二）事前预防与事后留人相结合

提高高校教师保留管理水平，预防教师产生离职意向和离职行为是减少人才外流的基础，而加强事后约束和挽留教师的工作则是必要的补充，将事前预防与事后留人相结合可以更可靠地减少教师流失。

1.重视各种预防教师离职措施的实施

一般情况下，教师在高校任职期间，心态上比较安宁，对于自己的工作现状（薪酬、福利、人际关系等）都比较满意，达到教师心中理想工作状态，并且对高校工作给予个人美好的期望比较积极。此外，外部环境不能给予高于现有单位的离职条件，达不到足够吸引他们重新选择的目的。这个时候高校管理者可以不用费尽心思地去想办法制约教师流出，但并不意味着可以不作为，这种心态是不可以存在的。相反，管理者更加应该小心谨慎地观察教师们心态的变化，做到防患于未然，在教师产生离职意向之前，就能够采取相应措施，在情感和留职意向方面给予足够的空间，对教师离职意向进行监测，深入了解教师们的生活，调查教师不愿意长期待在学校的原因。同时要及时发现教师保留管理方面的问题，有效地进行调查和解决，将这种离职的想法扼杀在摇篮里，不能使它生根发芽，不然等离职时候为之已晚。

2.重视事后留住辞职教师

很多时候，离职预防措施的实现有着比较大的难度，主要是因为预防方案有限，不可能适应每一位教师，做不到每位教师的满足，离职预防还是有一定纰漏的。从实际情况来说，没有一所高校能够完全地避免教师不会有跳槽的想法，一部分教师总会有一些特殊的原因选择离开原来的学校，有时候是高校自身发展遇到瓶颈，不得不离开；也有时候是其他学校更适合教师的理想工作；有的是因为留职激励不能达到某些教师的满足。这些原因很可能导致原本比较安分的人会忽然选择离职。教师受各类因素的影响，他们会选择适当的时机辞职。此刻高校应该做好保留教师的工作，以便于延长工作期限或者消除教师的辞职意向。当然对于那些离职态度比较恳切的人员，高校应该大方诚恳地给予祝福，不能耍手段地制约教师行为，要给他们留下好的离职印象，也可以帮助高校获得人才的重归机会。

3. 以事前预防离职为主，事后留人为辅

当学校人力资源管理者收到教师离职信息后，积极地采取各种有效的约束措施是极为有必要的。但是，现在高校已经受到教师离职意愿而产生的负面信息的影响。这种情况下离职教师即便能够继续留在学校，心中对于高校的忠诚度也受到一定的影响，心中或多或少会有高校对自己信任度降低的疑虑。鉴于这种情况的发生，高校应该在留职管理方面坚持以预防为主，事后留人为辅，事后留人措施要进一步完善，不要使教师心里存在疑惑。建立适当的时候留人措施和事前较好的预防管理，不仅能减少高校人才流失，还能更好地维护校内在职教师，最大限度地降低离职率，保证高校自身人才资源。

（三）流动约束机制与留职激励机制相结合

高校降低教师流动率存在两种基本的教师管理机制：一是为了防止教师外流的机制，称作流动约束机制；二是鼓励教师留校任教的制度，叫作留职激励机制。

1. 构建流动约束机制

流动约束机制的建立主要原因在于长时间以来，教师的个人理想和高校长期留职出现冲突。对于教师个人而言，通常情况下，教师不能在同一岗位上待时间过长，时间一旦过长，就会影响个人愿望和目标，导致其实现的难度增加。只有在流动中慢慢寻找，才有可能获得实现的理想或目标。而高校对于不定向的流动必然需要一定的制约机制，以防止教师随意的离开本校。在约束机制管理中比较常见的有劳动合同、拒退抵押金、扣除离职者的薪资及人事关系的手续等，这样的约束机制是为高校人才流动筑起了一座高墙，防止教师人才的外流。同时从高校的角度上来说，约束机制可以保证教学工作的顺利进行，学校损失的缩小。但是，现在高校的流动约束机制存在很多不足，甚至可以说是缺陷。有些约束措施并不适应当今市场经济社会，按照原来的计划经济下的制约管理肯定是不合理、不科学的，比如粮油关系和户口档案等这些在计划经济时期是约束教师的重要法宝，而今粮油关系早已不存在，户口档案也在改革中作用力直线下降，这些条件已经不能够作为约束教师跳槽行为的手段；此外，很多约束措施缺乏人文关怀，只在乎高校自身利益，忽视教师个人愿望和目标，对于教师外流采取强制性的方式，长此以往，这种私利性的想法会激发双方之间的矛盾，这种留住人却留不住心的现象会产生严重后果。约束教师流失的制度主要为了挽留教育人才，为本校效力，如果人留下来，不能保持积极的心态，精神不振，不仅会影响其他的教师情绪，还会更加深刻地影响教学质量。与其如此，还不如放手，尊重教师个人意愿。

2. 构建留职激励机制

随着市场机制渗透到教育领域中，对教育人力资源的影响和作用越来越大，教师流动的自由度显著提高。只有让在校教师的需要得到满足，激励他们自愿长期留职，才能保持一支相对稳定的师资队伍。

所谓留职激励机制主要是针对教师员工的一种激励制度，以用来确保教师能够长期留校。留职激励机制主要是用以处理个人理想和留职之间的关系，个人愿望的实现和留职任教之间不存在解不开的矛盾，将二者结合，实现教师愿望的同时也会为高校保留住人才，使得那些踏实工作的教师或者有才华的教师在个人工作和生活方面都有所得。只要实现这样的激励模式，在薪酬、待遇、生活、事业等方面给予适当的满足，留职机制就能成功的建立。

这种激励制度不仅能够留住教师的人，也能够留住教师长期任教的心，可谓一举两得。主要原因在于该机制很巧妙地在教师任聘和高校利益之间找到了契合点，而这个契合点既能够激发教师内心的忠诚，为理想而长期在高校工作，又能够为高校留住人才，保证高校利益不受损。当然，任何一种制度都不可能适合每一个人和每件事。如果高校需求和个人利息出现严重的冲突，不能达到一致的情况，这种激励性的机制就不能发挥作用了。比如，有些教师个性化比较强，天生不愿意长久待一个地方，喜欢挑战新事物新环境，获得新的感受，而高校需要稳定教师人员，这样就出现两者间的冲突。这种情况，学校激励性的留职机制也就派不上用场，因此，激励机制的构建也存在一定的缺陷，不能在任何条件下都有所作用。

3. 流动约束机制与留职激励机制相结合

其实，我们可以说，教师流动"阻力"是流动约束机制，而教师留职的"吸力"，则是留职激励机制。因此，如果将教师流动"阻力"和教师留职的"吸力"结合在一起，就会成为最为合适的选择，两者会相辅相成，成为更适合现代社会高校人力资源管理现状。高校教师的个人愿望与留职任教有时候相互矛盾，有时候存在一定的一致性。当个人愿望与留职目标相互矛盾时，高校应该以激励机制为主，约束机制为辅，相反，如果留职与个人愿望比较一致的情况下，应以约束机制为主，以激励机制为辅，并尽最大可能性找寻新的途径，以用来实现个人和高校利益之间的更完美结合。总的来说，只有软硬兼施，将流动约束机制与留职激励机制两者真正地结合起来，才能更加有效地实现教师和高校之间的协调一致，建立完善的教师管理制度。

第三节 高校人力资源管理信息化服务建设

随着社会的发展，各领域对人才的需求程度也逐渐增强，要保证高校能够培养出大量满足社会发展需求的优秀人才，高校人力资源管理具有至关重要的作用。

一、高校人力资源管理信息化

要实现人力资源管理信息化，应该应用先进的信息技术，创建信息化管理系统，有效促进管理工作的效率质量，并且节省各方面支出，激发所有工作者积极参与，形成一个开放的新平台。除此之外，制订一套更加全面且完善的计划方案，目的是实现高校发展战略，全面提高高校科研与教学水平，充分结合新媒体信息化技术、构建全新的高校人力资源管理信息系统。

高校人力资源管理信息化作为新时期高校管理人力资源的新模式，具有鲜明的时代化特征，其根本原因是运用最新的信息技术，并融合管理思想与管理理念。在校园网基础上，结合高校人力资源信息，进一步传输、收集、加工、维护、存储、使用，形成高校人力资源管理信息化系统，从而实现与其他管理信息系统的信息共享、无缝连接。

（一）高校人力资源的管理

高校的社会职能是开展高层次教育，有庞大的科研力量和人才优势。因此，加大对高校人力资源管理，具有十分重要的现实意义。此外，需要特别注意的是高校人力资源管理和企业人力资源管理之间的差异，并且要强调高校人力资源管理的独特性，实现精准发力，提高管理效率。

1.高校人力资源的特性

高校人力资源管理的目的在于为教育事业的长远发展及社会发展提供专门的人才。高校人力资源主要人员类别有：管理人员、高校教师、服务人员，因此，高校人力资源有以下特征。

（1）高校人力资源的稀缺性较强

高校人力资源组成人员复杂，但主体是高校教师。高校教师必须具备专业知识，有较高的科学素养，需要通过学术训练，具有深厚的知识储备。由此可知，高校人力资源相比社会人力资源，具有鲜明的高知识水平特点。

（2）高校人力资源的主观能动性较强

高校教师队伍文化程度高，十分注重精神生活追求，注重自我人格的塑造，注重价值观的养成，所以他们具备很强的创新精神和创新意识，在进行科研研究和教学活动时，能够发挥自身的主观能动性。

（3）高校人力资源的流动性较强

目前，市场竞争日益激烈，要实现利益最大化，必须通过人力资源的流动才能实现。高校人力资源最鲜明的特点是稀缺性，其流动性相对更强。所以，高校人力资源在市场竞争中具备核心竞争力。

（4）高校人力资源创造的劳动价值的复杂性较高

高校人员从事的劳动与其他行业相比，更为复杂，根据马克思主义政治经济学，高校人员所从事的劳动是复杂劳动，他们的劳动转化为社会、经济价值，有明显的间接性。

2. 高校人力资源管理的特征

根据对高校人力资源特征的分析，将其所具有的特征进行总结，体现在以下几个方面。

（1）多样化管理

高校人力资源管理的鲜明特征之一是多样化管理。虽然管理类型多样，但结合不同岗位的职能特点进行区分，高校人力资源组成部分主要包括教师、行政管理工作者、辅导员、后勤服务工作者等。因此，高校人力资源的组成结构非常复杂，人员的知识水平和学历等方面也有很大差异。基于此，高校人力资源管理要实施多样化的管理方式，按照不同的人力资源类型，采取有针对性的管理模式，有利于最大限度地使用人力资源，切实提高效益。

（2）能动性管理

教师作为高校人力资源最主要的构成群体，具备高素质，有较高文化水平，在生活水平逐渐提高的同时，更重视精神方面的满足。高校教师渴望通过自身的努力和付出，得到社会大众的认可。为此，高校人力资源管理要为高校教师打造一个良好的工作环境，作为管理教师的首要任务，要为他们提供一个施展抱负的平台，调动他们的创造性、主动性、积极性，要最大限度地挖掘他们的主观能动性。

（3）灵活的机制

高校人力资源管理模式的特点之一是机制灵活。高校发展离不开科研和教研工作，使其渗透到高校组织开展的各项工作、活动中，根据科研、科学工作的特殊性，高校科研、教学工作中存在较大模糊性，导致高校无法采取企业建立的精准工作时间制度。通常情况下，根据教师职业的工作性质，教师在高校中，无论是教学，还是从事科研工作，与社会上的其他职业相比，有较大的自由性，衡量教师教学的标准，主要取决于教师在科研、教学中是否达到一定质量成果。因此，高校的人力资源管理模式应该结合教师的教学特点，选择与之相对应的工作制度。由此可知，高校人力资源管理的展开，基本上是凭借工作人员的自我管理，为教师的工作提供自由发挥的空间。

（4）人力资源管理处于核心地位

人力资源管理作为高校最关键的工作内容，占据至关重要的位置。由于高校是人才培养的基本场所，在高校全部资源中，人力资源相对而言更重要。关于高校的发展水平，其衡量标准绝不是客观存在的外部条件，而是人力资源的发展情况。高校管理部门的所有环节都相互配合、相互促进，比如教务管理和后勤管理等，高校应该根据自身情况，有针对性地实施多样化管理和层次化管理，确保充分激发高校人力资源的积极性和主动性，有机会展示他们的效用和能量，才是办好高校的基础。由此可知，高校管理工作重心在于人力资源的管理。

结合高校人力资源管理工作特征开展管理工作，需要注重以下三点。

第一，思想上要提高认识，将人力资源管理工作放在各项管理工作的重要位置，将以人为本作为最高的管理理念，最大限度地挖掘人力资源潜力。

第二，构建科学的人力资源管理机制，紧密结合本校实际，将本校发展规划与管理机制有机结合，克服高校人力资源管理暴露出的问题和不足。

第三，制订合理、科学的人力资源管理规划，提高人力资源的有效利用，最大限度上强化高校人力资源利用率。

根据以上安排部署，一方面有利于高校对教职工特长、能力、数量等一系列因素更好地实现优化配置；另一方面建立激励机制，为教职工提供合理、公平的竞争环境，从而实现高校的可持续发展。

（二）高校人力资源管理信息化建设的意义

在高校人力资源管理部门信息化建设过程中，信息化管理目标的实现不仅能够显著提高人力资源管理部门的质量和效果，而且能够为校级领导的决策提供最新的信息参考，从而制订更加合理的策略。

1. 提高人力资源管理的效率和水平

人力资源管理工作属于事务型工作，尽管大多数工作都是完成相同的任务，消耗人力资源工作者很高的时间成本，然而，这些重复性的事务是人力资源管理中至关重要的工作，关系到所有教职工。因此，人力资源管理信息化建设不仅可以帮助工作者摆脱复杂的工作，而且能够为人力资源管理工作者节省大量时间成本，从而专注于其他研究型工作，并完成更具有挑战性的任务。除此之外，信息化管理可以实现大量信息的即时性统计和分析，促进人力资源管理部门的发展。

2. 提供大量增值服务

高校创建的信息化管理系统可以为所有教职工创造附加条件，比如校园网和人力资源管理系统的有效融合，使得高校教职工能够第一时间搜索到需要知道的人力资源信息，同时取消很多具有重复性的事务，为教职工减轻压力。此外，实现信息化管理还能够保证校级领导及时掌握最新的信息，如人才招聘计划的制订、人才测评方式的拟定以及增强绩效管理能力体系建设等，都需要借鉴市场最新的发展信息。

3. 加强各部门之间团结协作

人力资源管理信息化建设能够促进部门内部成员之间团结凝聚能力，实现各部门以及各成员之间的有效沟通，也就是信息资源的高度共享。人力资源部门通常选取 Excel 表格以及操作方便的数据库处理信息，尽管有些部门选取了应用能力较强的数据库，然而，由于各部门在职能方面具有明显的区别性，以至于各部门涉及领域、信息内涵也具有显著差异。因此，信息共享很难实现。

人力资源工作的各方面都具有一定相关性，因此，人力资源管理部门应该做到信息资源共享，否则会产生很多重复性的劳动以及没有任何价值的劳动，还会出现因信息获取不足而造成决策不准确的现象。对此，信息化管理系统的形成，为人力资源管理部门内部不同科室处理信息提供了有利条件，实现人力信息资源共享，赋予信息资源全面性、即时性以及一致性等特征，尤其是信息资源的共享特征。

4. 实现人力资源信息的最大化利用

早期人力资源管理部门的信息通常都打印在纸上，不仅携带困难，而且无法完成信息的准确传输。由于人力资源管理信息化的建设，信息资源通过数字信号的形式实现传输，不论是信息资源的利用还是传输都更加方便且容易。除此之外，结合不同的相关软件，不仅实现了信息资源分类、整理、统计以及研究，还实现了信息资源共享，从而使信息资源得以最大化的利用。

5. 人力资源管理信息是分配的基础

人力资源管理信息化建设成为实施校、院两级改革以及有效分配相关任务的前提条件。现阶段，大部分高校都相继展开校、院两级人力资源分配改革，打破了早期人力资源管理模式，将以往校级的集中任务分配到不同的二级学院，从某种程度分析，明显降低了人力资源部门的工作压力以及强度。各二级学院肩负着信息资源获取和维护信息安全的重任，大幅度提高校级人力资源部门的运行效率，除此之外，保证了人力资源信息的准确度。

（三）高校人力资源管理信息化水平的提升措施

为了增强高校人力资源管理信息化质量和效果，可以采取以下四个措施。

1. 转变管理的理念

高校人力资源部门的核心任务是改变管理理念，并且引进先进的管理理念，在实践过程中，探索最新的、更高效的管理模式。高校人力资源部门应该脱离以往的成就与荣誉，在改革时期不仅适应各种变化，而且时刻处理和解决工作中出现的新问题、新情况以及新矛盾。

高校人力资源部门需要采取主动探索精神，将新的管理理念应用到实践中，并创建新型人力资源信息化管理模式。高校人力资源管理部门所有工作者不仅是实施信息化管理的促进者，也是高校信息化建设的实施者。因此，要快速且有效完成人力资源管理信息化建设，其专业部门需要以身作则、完善自身体系及管理理念，学习相关理论知识和方式方法，加强对信息管理系统的宣传，保证人力资源管理信息化系统得以有效发展。

2. 加强人力资源管理信息化建设所需人才队伍的建设

人才作为信息化管理顺利实现的必要条件，也是促进信息管理系统良好运行的基本保障。由于信息化建设对各部门运行以及高效发展而言，具有至关重要的作用，既能够为各部门提供业务需求分析结论，还能完善各部门的管理模式。因此，高校人力资源部门应该调动所有职员积极加入到整个建设过程中，从而培养大量用于建设信息化系统的优秀人才。

在开展高校人力资源管理信息化建设期间，人力资源部门的工作者对任务以及流程的掌握是最透彻的。因此，若这些工作者可以主动加入其中，便能够促进高校快速地完成信息化建设，不仅提供了清晰明确的业务需求分析，还为改进工作流程提出意见，还有加入设计信息系统的机会。大多数工作者主动加入信息化建设过程中，既能够掌握信息化建设的整个流程和步骤，还能够学习先进的设计思路以及理念，尤其是信息管理系统的相关方法和技能，极大地促进该部门的工作者有针对性地增强自身管理能力以及维护信息的能力等。

3. 加强对人力资源管理信息化建设的重视程度

在高校人力资源管理信息化建设过程中，最基本的保障是高校领导的密切关注和重视。高校需要注意人力资源管理的信息化发展绝不是仅由专业部门负责，而是高校所有部门以及全体职工共有的责任和义务，不仅需要花费很多资金以及劳动力，而且应该与学校各部门形成良好的沟通及协调机制，如科研部门、网络部门等。

人力资源管理部门应该不断向高校领导普及信息化建设对促进高校发展以及增强管理能力所产生的积极影响，从而引起并增强高校领导对信息化建设的密切关注以及高度重视，同时获得高校领导的鼎力支持，对于人力资源管理信息化建设，促使高校领导从整体层面发挥引领作用，帮助各部门之间建立良好稳定的合作关系，实现信息资源共享以及各部门的团结协作，共同为人力资源管理信息化建设的完成发挥部门功能与价值。

4. 确保高校人力资源管理信息系统正常有序地运行

在高校人力资源管理信息系统创建过程中，研发工作者应该选取行之有效的技术手段，确保信息管理系统的高效率与高质量，防止出现编程方面的错误。除此之外，关于校园网络，无论是网络管理工作者还是人力资源信息管理系统工作者，都应该遵守并履行学校制订的安全制度和规则，为学生们提供一个安全的网络环境，确保信息管理系统良好运行。

二、信息化促进人力资源管理系统能力升级

近年来，不同的新型信息技术逐渐被人们熟知，常见的新型技术有物联网、大数据以及人工智能等，随着这些新型信息技术的应用，高校人力资源管理的信息建设也将迎来全新时期，特别是在应用新型技术基础上的记载、知识探索以及分析预测等，将在人力资源信息化管理系统建设中发挥极其重要的推动作用。

（一）基于云技术的人力资源信息安全与移动服务

云技术指通过广域网将各种硬件以及软件等资源有效进行整合，从而形成一种能够储存信息、处理信息以及共享信息的托管技术。云技术凭借其显著优势，成为信息化发展的核心，常见的特点有高容错率、超安全性、高可靠性等。

创建国家教育云服务模式，将已存在的各种资源进行有效整合，选取云计算技术，形成的发展方式既能够有效配置资源，还能够优化服务模式，体现出明显的稳定性和节约性等特征。对于全国范围内的学校以及教育机构，可以享受到存储、共享、安全认证以及辅助工具等服务，进而实现资源共享和信息化管理的目标。

高校人员结构多，在职员工常常是几千人甚至上万人的规模，与人员相关的数据量大，且涉及薪资、身份证号、银行卡号等个人隐私信息。这些数据的安全保存极其重要，非常适合通过云服务器进行管理。相较于传统服务器，云服务器可自由配置中央处理器（CPU）、内存、宽带，可以针对业务变化，随时调整配置，拓展或缩减云服务器数量；能够自动排除故障，自动备份数据，数据持久性高，几秒内便可将数据快速迁移恢复，多级数据存储方式保障数据存储安全无忧；能够实现分钟级的响应速度，及时发现并有效抵御黑客攻击，远离病毒攻击和木马威胁，做到主账号与子账号权限细分管理，保障数据安全；云服务器无须投入人力维护硬件和网络设施，提高运维效率。

另外，云平台技术可以支持移动办公。通过开发相应的 E-HR 系统手机端应用软件，为用户提供随时随地的快捷服务。用户登录后除了可以进行信息查询、修改、提交等基本工作外，还可以开发以下五个方面的服务内容。

第一，流程引导功能：这项功能被称为员工办理入职手续过程中的虚拟助手，能够为员工提供便利条件，创建新的员工档案，帮助员工回复基本的关于福利、保险以及人力资源政策等问题。当系统不能自动回复问题时，可转人工处理。

第二，一键呼叫功能：绑定服务电话，教职工单击按钮即可直接拨打相应的电话，如高层次人才中心、薪酬福利室等，直接进行业务的办理和咨询。

第三，智能提醒功能：根据每一位教职工需要办理业务的情况，E-HR 系统可通过 PC 端和移动终端同时发送提醒消息，智能提醒可以明显缓解工作人员的工作压力，提高服务的准确性和实时性。

第四，信息推送功能：可自由设置信息推送内容，并可直接推送至领导、教职工手机页面。

第五，移动分享功能：可调用手机上现有的且支持分享功能的软件（如电子邮件、微信等），无须登录即可与人力资源业务工作相关的信息（如讲座、培训等活动）结合，进行分享转发。

（二）基于大数据与人工智能技术的人力资源管理

人工智能是一门探索和理解人类智慧的学科，并把这种理解尽可能地在机器上实现，帮助人类解决各种各样的问题。随着技术的成熟与发展，人工智能摆脱实验室的束缚，通过互联网平台对人们的生活和工作产生积极影响，机器翻译、文字识别、人脸核身、客服机器人等已有了广泛的应用。可以通过将人工智能研究成果逐步引入人力资源领域，在信息采集、人才引育、智慧服务等方面承担大量原来需要人力完成的工作，将人力资源部门工作人员从简单的、重复的劳动中解放出来，让人力资源部门专注于人才的培育和培养，以及人力资源的战略研究。

1. 数据的采集与安全

（1）数据的采集

各类数据和信息是 E-HR 系统的重要基础。一个人的完整信息有各种各样的字段，主要包括：姓名、性别、年龄、民族、证件类型、身份证号码、护照号码、所在校区、入校时间、毕业院校、所学专业、籍贯、出生地、户口所在地、户口性质、最高学历、单位名称、部门、岗位名称、职工号、参加工作时间、工龄、婚姻状况等。这些信息一般都是由教职工自行录入，耗费时间且录入的准确性有待核查，甚至有为了利益而故意误报个人信息的情况发生。

（2）数据的安全

利用语音文字识别、人脸识别、自然语言处理、视频分析与理解、智能语音助理、图像审核等技术，可帮助人力资源部门收集人员基础信息，提升信息采集的准确率和工作效率。例如，学校可对拟入职人员进行学历真假的检验，人力资源部门工作人员根据应聘者提交的毕业证书的信息，登录学信系统，输入人员姓名和证件号进行查询，需要耗费大量的人力成本来完成此项工作。利用人工智能，需要应聘者将毕业证书传入系统中，系统将自动进行图片识别，记录应聘者的姓名和证件号，自动链接学信系统网站查询、记录、存储结果，并可将结果反馈到系统中，整个过程无须工作人员参与，省时省力。身份证、护照和银行卡是职工的重要信息，涉及工资的发放、保险的缴存等，利用人工智能、无须再输入数字，通过移动端的手机拍照即可传入系统，系统对身份证、银行卡进行文字识别，将身份证号、卡号存入系统。由于 E-HR 系统涉及大量个人的重要信息，尤其是移动终端的登录需要更加严格的安全措施，人脸识别为获得用户真实身份信息提供了安全性保障。

2. 人才的精准引育

大数据为人力资源管理提供由经验主义管理向科学化、精准化管理转变的技术支持。大数据作为决策的工具，对于数据的分析强调预测性，且在其技术支持下，职员、岗位、培训、薪酬、绩效以及激励等均能够以数据化的形式体现，并归纳形成量化数据，使人力资源管理更具专业化与高效性。

早期的人才招聘体系不够完善、标准不够合理、带有个人主观色彩。招聘结果跟面试官有很大的关系，如果面试官的招聘经验丰富，识人能力好，可能会找到合适的人；但如果面试官招聘经验欠缺，或由于其他主观因素，就可能会错失合适的人才。通过人工智能可以避免此类问题。首先，建立符合学校招聘需求的专用模型，对岗位进行科学划分，例如教学科研岗位、管理岗位、技术服务岗位等。利用具有自主学习能力的功能机器人，深度学习业务知识并参与招聘工作。功能机器人参与招聘越多，积累的"经验"就越丰富，也越有针对性，推荐越客观和精确。由于工作人员的经验以及能力等各方面差异，智能机器人将会另外增加一些个性化问题，并向候选人提出知识领域涉及面广的问题，是任何面试人员都无法做到的。

针对高层次人才的挖掘和跟踪引进方面，利用 Incites 等分析平台，能够从多个层面有效分析世界上 5000 多所机构，比如期刊、学科以及区域等层面，在分析和探索 Web of Science 核心合集数据库中论文发表基础之上，能够有效研究和跟踪高产作者和潜力作者，尤其是顶级期刊发表论文的作者，人力资源管理部门可根据学校的学科发展规划和人才需求，挖掘具有高影响力和高潜力的研究人员，直接锁定某一学科研究领域里的高水平学者，从而进行高效的精准引进。

三、高校人力资源档案管理的信息化建设与安全管理

自进入21世纪以来，高等教育机构的工作重心多集中于教育领域的拓展，而在其自身的人力资源档案管理方面，并未表现出过多的关注。由于受到社会经济水平的制约以及传统管理模式的限制，导致目前我国许多高校对人才档案管理工作缺乏足够的重视，从而制约了高校人才管理水平。

（一）高校人力资源档案管理的信息化建设

1.人力资源档案管理信息化的意义

高等院校的教育目标之一是培养人才，而对于人才的管理和培养主体的关注也是至关重要的。高校不仅是知识传授的殿堂，更是为众多杰出人才和教师提供施展才华的舞台，因此，对其师资水平和学生档案的精心管理显得尤为重要。传统档案管理模式存在诸多弊端，无法满足当前社会对于人才的需求，因此需要创新管理模式，建立一个完善的管理制度体系。将计算机和信息处理技术融入信息繁杂、档案众多的管理体系中，可以显著提升高校资源整合和人力资源安排的效率，从而为其作出积极贡献。通过建立一个完善的学生信息管理系统，可以使档案管理更规范，并且能实现资源共享，更好地为教学及科研服务。信息化的应用不仅能够超越时间和空间的限制，更能够以更高效、更便捷的方式为教育事业的发展做出贡献，超越了传统纸质档案的局限。

2.高校人力资源档案管理信息化发展的困境

（1）人力资源档案管理松散导致体制不完善

在当今时代，高校对于教育的重视程度远远超过了对于人力资源档案管理信息化建设的关注程度，这也符合了时代对各高校的需求。也正是由于这一方面的原因，一些部门并不是十分重视人力资源档案管理，从而导致人力资源档案管理工作内容没有形成统一的制度规范。

（2）档案管理人员水平的发展受到限制

在高校招聘和培训人力资源档案管理员的过程中，许多学府忽视了专业人才的重要性，这是因为这些学校的招聘原则主要以教育为主。高校中的许多管理人员都是半路出家的教师或技术人员，他们在人力资源档案管理方面缺乏经验，因

此，在人力资源档案管理系统和信息化建设方面存在许多专业性上的不足。此外，由于高校的人力资源档案信息涉及学校的机密和教师的人身安全，因此在选择人员时不能降低标准，应该不断提升门槛，以保证信息的安全性和系统的有效性，只有这样才能持续推进高校信息化建设的进程。

3.人力资源档案管理信息化建设的良策

（1）严格高效的档案管理体制的建立

随着时代的进步，科技的发展，人们逐渐认识到人力资源管理对于一个国家的重要性。在当今社会，众多大型企业都在积极推进人力资源档案管理，并将其纳入信息化管理体系，以适应不断变化的市场需求。这说明，人力资源管理已经成为一个非常热门的话题。高等教育机构作为社会的主要参与者和人才的培养摇篮，我们更不能忽视信息化管理在高校教学管理中的重要性，在这方面我们可以借鉴社会上一些知名企业的经验。当然我们在汲取企业成功经验的同时，也不能忽视高校这一主体的特殊性，逐渐构建一个符合高校管理特点的档案管理体制，进而为高校发展保驾护航。

（2）档案管理人员专业技能的提高

学校应当紧跟人力资源档案管理的发展趋势，积极探索创新之路。对于人力资源档案管理工作人员来说，应该提高自己的职业素养，通过专业知识与信息技术相结合来完成日常工作。在人力资源档案信息管理系统的维护和升级过程中，技术人员需要全面掌握计算机程序操作和信息管理技能，与此同时还要接受一定的网络安全教育，以确保信息的安全管理和网络病毒检测的顺利进行。另外，在工作人员的职业素养上学校应该注重提高，通过各种途径来增强其职业道德水平和业务能力，从而确保整个信息系统能够正常运行。

（3）档案信息化管理系统的创新

在当前市场发展和科技水平提高的背景下，高校必须认识到人力资源档案管理信息化建设对于该系统建设的影响，这是不可或缺的。目前，我国各高校已经开始了对其相关信息系统的构建工作，但是由于种种原因导致系统建设中出现了各种各样的问题。因此，学校必须深刻认识到信息化管理系统的重要性，并积极适应档案信息的价值，打破传统的管理模式。如果高校在档案信息化管理系统创新的过程中遇到资金问题，应积极向国家政府寻求帮助，借助国家对高校的各种创新的政策支持，推动高校档案信息化管理系统的创新进程。同时，高校也要积极获取地方政府的支持和补贴，为系统建设奠定坚实基础。

尽管高等教育机构是人类智慧的摇篮，但在人力资源档案管理的各个方面，却未能跟上社会发展的步伐。尤其是对于人才档案的管理工作而言，更是处于一个较为薄弱的环节。因此，为了实现我国高校的全面、现代化的发展，学校需要在人力资源档案管理方式的基础上进行系统建设和系统防护的升级，同时对人才的信息和发展进行有效的管理，以确保人才的招揽和发展得到充分的关注和支持。

（二）高校人力资源档案管理的信息化安全管理

1. 人力资源档案信息化管理的重要性

随着社会进步以及信息技术的创新，人们的生活方式也随之出现改变。信息化管理方式在人力资源档案管理流程和任务中的应用，不仅能够提升工作质量，更能够顺应时代发展的趋势。应用信息化管理方式，可实现资源的合理配置，提升人力资源档案管理工作的品质，进而提高事业单位的工作效率。档案管理在人力资源管理中扮演着至关重要的角色，它不仅为事业单位的发展提供了人才保障，同时也为事业单位的顺利发展奠定了坚实的基础。将现代经济市场对事业单位发展的需求与信息技术有机结合，推动事业单位人力资源档案管理工作的全面展开。利用信息技术的优势，构建完善的管理机制，提升人力资源档案管理的利用率，优化工作流程，从而提高事业单位的经济效益。

2. 高校人力资源档案安全管理的现状

干部人力资源档案的重要性不仅体现在职务晋升、职称评审、退休工资核定等，在遗产继承、房屋产权公证等方面也具有不可或缺的功能。所以，随着干部人力资源档案的利用率提高，也受到人们越来越高的重视，高校档案安全管理工作也在不断改善中。

（1）档案安全管理的重视程度不够

当前，为了进一步推动高校的发展，大多数高校将主要精力集中于人才引进、师资培养和基础设施扩建等方面，而对于那些没有带来任何回报的档案工作却缺乏足够的关注，这导致干部人力资源档案工作进程缓慢，甚至处于边缘地带。此外，档案管理人员以及分管领导等未能跟上档案信息化发展的步伐，对新理念的理解不够深刻，仍然采用过时的思维和方法来管理档案，只关注纸质档案，忽视电子档案，只注重实体管理，忽视软件技术的应用。此外，缺乏完善的档案安全管理制度等因素，进一步加剧了档案安全管理所面临的风险。

（2）档案安全管理专业实力不硬

档案工作是一项高度专业化的技术任务，其所具备的长期性和系统性特征，使其成为一项不可或缺的工作。档案工作者既要具备一定的专业知识和技能，又应掌握相关信息知识，以便更好地指导实践活动，使档案管理更加科学完善。随着信息技术的不断进步，对于档案工作人员的思想品质和业务能力的要求也越来越高，同时对于信息技术和软件操作的要求也越来越苛刻。然而，当前大多数人对档案工作存在误解，仍然坚信档案工作不需要专业技能、专业技术或参加培训，这导致许多从事档案工作的人员的综合素质与岗位不相适应，有些甚至是兼职人员在从事档案工作。由于这些认识上的偏差和缺乏相关知识技能的积累，使得档案工作者的信息素养不高，难以胜任现代信息化社会赋予他们的重任，也使档案工作的持续稳定发展受到了滞后性的阻碍，无法适应新形势，从而增加了档案安全管理的风险系数。

（3）档案安全管理硬件投入不足

随着信息技术的发展，档案工作的方向一定会发生转变，即从实体管理转变为信息管理和实体管理相融合的方向。在一些高校尚未设立专门的档案馆之前，档案室的库房就设在办公室楼内，缺乏完备的防火、防霉、防盗设备，有些甚至没有配置最基本的恒温、抽湿系统，更不用说缺乏档案信息化管理系统。这些问题直接导致了纸质档案管理存在一定的安全隐患，如不及时解决将会威胁到学校师生的人身安全和财产安全。基础设施的完整性和信息化程度受到经费投入的影响，这进而影响了纸质档案的保存，同时也增加了电子档案泄露的风险，使得应对突发事件变得困难。随着时代的演进，保障档案的安全性已成为至关重要的任务，若想确保实体档案和电子档案的完整性，必须加大对档案安全管理的资金投入。

3. 人力资源档案信息化管理工作开展的策略

（1）完善管理制度

在推进人力资源档案信息化管理工作的过程中，必须建立完善的管理制度，以确保信息化管理工作的顺利进行。通过完善和规范管理工作，可以推动信息化管理工作的发展，提升人力资源管理水平，确保信息安全。为了确保人力资源档案信息化管理工作的顺利开展，我们决定成立一个专门的管理部门，并引入创新的管理理念，同时组织监督部分对其进行监督管理。通过设立人力资源档案信息化管理部门，可提升管理水平，将烦琐复杂的工作流程简化，彰显人力资源档案信息管理的价值。进一步完善档案使用制度，引导工作人员在遵循规章制度流程的前提下使用档案资料，以避免档案信息的流失问题。为了充分发挥人力资源档案信息化管理的最大价值，人力资源管理部门建立了一个人力资源档案数据库，将所有事业单位人员的信息录入其中，从而实现资源的共享。在此基础上，还要制订相应的管理制度和措施，保证人力资源档案管理规范化、系统化、标准化，从而为人事管理提供依据。通过确立有效的管理制度，提升人力资源档案的利用效率，从而有助于推动人力资源档案信息化建设的发展。

（2）建立完善的档案管理机制

在互联网＋的背景下，人力资源档案信息化管理工作需要运用科学的管理方法和方式，以确保管理工作的科学性和合理性。通过有效的管理工作，可提升工作品质，推动事业单位健康成长。首要之务在于加强对从事相关工作的人员的管理和监督。在实现人力资源档案信息化管理的过程中，管理人员的工作理念和操作方法对于工作的顺利开展具有至关重要的作用。为了确保信息化管理工作的顺利开展，必须对工作人员的工作流程和操作过程进行严格的管理和监督，以提高他们的工作意识。其次，应加强对管理工作的关注和重视，以确保其高效运转和良好发展。在传统的人力资源档案管理工作中，存在一系列问题，这些问题导致了工作人员的工作热情和积极性不尽如人意。为了推进人力资源档案信息化管理工作的深入开展，必须根据时代发展的特点，广泛宣传人力资源档案管理工作的重要性，引导工作人员深刻认识到管理工作的内在价值，以此推动人力资源档案信息化管理工作的全面展开。

（3）增加资金注入的规模

资金的支持与帮助是人力资源档案信息化管理工作中不可或缺的重要组成部分。为确保人力资源管理工作的顺利实施，必须加大对人力资源档案信息化建设的投资力度。通过注资加强基础设施建设，优化人力资源档案信息化设备，以促进信息化建设的推进。加强信息化建设制度的管理，以确保信息资源的合理分配和信息化管理质量的提高，同时高度重视信息安全问题，建立完善的安全保护机制，以避免信息泄漏的发生。如果在信息化建设过程中无法一次性投入大量资金，那么可以将一部分资金用于设备的维修和完善，以替代那些过时的信息化设备，从而避免信息安全问题的出现。在资金的运用过程中，必须明确信息化建设的具体内容，以提高资金的利用效率，避免出现资金的不必要浪费。

（4）建立档案数据库

在数字化的人力资源档案信息呈现中，建立数据库是档案信息化管理工作的一项重要措施，旨在为工作人员提供更加便捷的服务。为了确保信息的安全性，我们需要建立一个独立的数据库，并根据纸质信息的内容进行完善，以便将其转移到计算机中进行独立的保存。在构建数据库的过程中，必须确保信息的完整性和准确性，杜绝任何可能导致信息遗漏的情况。其次，构建一个独立的操作模块，以实现更高效的操作。为了方便工作人员的操作，我们计划在事业单位的内部网站上建立一个独立的模块，以展示人力资源档案管理的内容。另外，在操作模块的构建过程中，必须确立一套完备的安全保障机制，以确保工作人员能够使用专有账号。通过建立数据库，有效避免信息丢失的风险，从而提升信息化管理工作的品质和效益。

（5）提高管理人员专业素质

在信息化管理工作中，应当注重提升管理人员的专业素养，使其具备适应信息化管理工作要求的能力，并在实际工作中充分发挥自身的优势，从而提高工作质量。首要之务，策划并实施一系列培训计划。通过将信息化管理内容、流程、操作要领等纳入培训内容，使得管理人员能够汲取先进的工作理念和技能技巧，从而推动工作的开展，提高工作人员的专业素养；其次，拓展人才招募渠道。作为人力资源工作的重要组成部分，人力资源档案信息化管理工作应当根据工作要求，明确招聘标准，提高职位薪酬待遇，以吸引专业人才参与管理工作，从而提升工作质量；最后，构建一支具备专业素养的团队。建立一支专业的人才队伍，以确保人力资源档案信息化管理工作的顺利开展，从而提高整体工作质量和效果。为了推动管理工作的顺利开展，我们需要采用多元化的人才培养策略，以提升管理人员的专业素养。

总之，在人力资源档案信息化管理中，应及时发现管理中的问题，同时按照相对应的管理措施，将信息化管理优势特点充分展现出来，进而推动管理工作的开展。

4. 高校干部人力资源档案安全的影响因素

（1）档案所涉及的内在要素

档案实体和电子档案的安全隐患，是由档案自身方面的多种因素共同作用所致。随着档案保存年限的延长，铅笔、圆珠笔、蓝水笔等填写的字迹逐渐模糊，难以辨认，同时纸质档案保存不完整，使用时容易出现破损，这些因素都可能导致档案的损失。电子档案对于软硬件的要求较高，它并非一成不变，需要与时俱进，而多数高校档案部门尚未形成规模化发展，电子档案安全隐患有两个方面：一是电子档案收集及后期整理过程中容易出现遗漏或丢失，即使将信息输入软件系统，信息正确率亦无法保证100%；二是电子档案的存储存在着泄露和遗失的潜在风险。

（2）外部环境方面的因素

外部环境的影响因素主要由自然环境和基础设施环境两个方面共同构成。自然环境主要指一些人类无法抵抗和改变的因素，这些无法预测且不可抗拒的因素，都严重威胁着档案安全。存储档案的库房和库房的设备配置，构成了基础设施环境的重要组成部分；保管设施和管理设施，如空调系统、制冷装置、空气调节系统、照明、通风系统、防盗报警系统、消防系统；库房的墙体具有高度的耐久性、优异的隔热性能以及有效的防尘功能；档案存放地点的通风状况和温湿度条件等。档案的安全受到多种因素的影响，以上所提及的各种外界因素都有可能影响到档案安全。

（3）管理制度方面的因素

建立完善的规章制度是实现档案标准化管理的基础，而档案标准化管理则是确保档案安全的根本保障。档案工作作为国家一项基础性工作，其重要性不言而喻。随着岁月的流逝，中国的档案事业已经逐渐走向成熟，尽管各种档案法律法规、规章制度以及操作规范等都在不断完善，但是在档案安全方面的法律法规却相对匮乏，特别是在电子档案的安全管理制度方面更是如此。

5.加强高校人力资源档案安全管理的对策

高等教育机构的档案安全管理工作是一项涵盖全局、需要长期投入的任务。在档案的演进过程中,其安全性受到多种不同因素的影响,这些因素在不同的历史时期都发挥着重要的作用。

(1)规范档案信息利用

日常管理工作和利用工作是工作的两个主要方面,其中档案利用工作指的是对干部人力资源档案进行查阅或借阅、审核干部人力资源档案以及研究档案信息等工作。为确保档案借阅服务的合理性,必须提出合理的申请,并由档案管理部门提供相应的档案资料。为了提供高效的档案利用服务,管理人员必须对证明材料进行严格的审核,对借阅权限和原因进行仔细的检查,只有审核通过后才能为用户提供查借阅服务。若欲进行电子档案的检索,则需在规定的内部网络中运用特定的计算机进行检索操作;加强账号管理,以避免未经授权的访问行为;内网禁止使用私人电脑进行接入。

(2)加强档案信息网络安全

为了实现信息化,必须加强网络安全管理,以确保大量档案信息的安全录入和存储,从而杜绝任何非法截取行为。首先,为了确保电子化档案信息的机密性,我们可以采用多种保密方式,包括但不限于通信加密、脱机存储加密和联机加密等;其次,应当加强对病毒的预防和控制。为了确保档案信息软件的安全性,我们需要在电脑上安装一系列高效的防护工具,包括但不限于防毒、杀毒以及防火墙等,以保障系统的稳定运行;最终,增加资金注入。在资金投入上,应重点对档案信息化建设资金进行合理分配和管理。为了提升档案信息处理能力,我们应该支持档案管理人员参加专业培训,并在硬件方面为档案管理部门提供规模化发展的支持,同时定期更新计算机软硬件设施。

(3)提升档案管理人员素质

作为档案的守护者和档案安全的第一责任人,工作人员不仅需要确保档案实体的安全,同时也必须承担保护电子档案的责任。目前,高校档案管理人员面临着信息安全管理不到位、信息泄密风险大等问题。因此,高校档案人员需要不断学习新知识、新技术,在实际工作中积累经验。此外,应注重培养复合型档案人员,在专业知识上多下功夫。

（4）电子档案异地异质备份

随着网络安全技术的不断进步和电子政务的广泛应用，异地异质备份已成为电子档案管理不可或缺的趋势。考虑到各种突发自然灾害和人为灾害对档案的破坏和损害是无法逆转的，同时，为了提高档案系统的风险容忍度，国家安全工作会议强调了异地异质备份的重要性。目前我国各级档案馆已开展了大量的档案异地异质备份试点建设，取得一定成效的同时仍存在诸多问题与不足。因此，电子档案异地异质备份工作的实施步伐应当根据各地档案管理部门的财力、人力、物力以及档案卷数等多方面因素进行综合考虑，以确保电子档案的安全性。

第四章 新时期高校学生管理

本章的主要内容为新时期高校学生管理，共分为三节，分别是高校学生管理中存在的法律问题与原因反思、高校学生管理工作在新时期的发展趋势、新时期高校学生管理工作的探索与创新。

第一节 高校学生管理中存在的法律问题与原因反思

一、高校学生管理中存在的法律问题

（一）外部条件方面的问题

1. 高等教育法律法规不够完善

主要表现为相关法律法规的实用性缺失，可操作性不强。我国高等教育立法起步较晚，在改革开放之后，发展速度明显加快，尽管高等教育法律制度体系已经初具规模，然而其规范性和完善性仍有待进一步完善。其中最突出的就是对学生权利保障缺乏专门立法，导致实践中的高校管理混乱，甚至引发纠纷。我国的大学法制结构在立法史上呈现出一种"形式一体"的趋势，即从"层级分离"逐渐演变为"形式一体"，具体表现为《学位条例》《教师法》《教育法》《高等教育法》等法律规范在立法层级和位阶上的割裂状态，而在局部立法先行的情况下，法律规范也随之出现。从司法实践来看，高校内部治理法治化水平较低，学生权利救济机制不健全等现象还普遍存在。随着我国高等教育事业的不断变革和发展，高校学生管理法治建设的核心——《高等教育法》已经无法适应和满足新的变化和

问题。从一定程度上来讲，《高等教育法》是一部"宣传性"的立法，它的条文抽象性较高、概括性较高、法律责任缺位、可操作性较弱、上位法不足，导致高校自主权过大、法律监督的作用有限和不健全，严重影响该法的实用性，给诉讼救济带来了较大困难。

2. 高校的规章制度不健全

近年来，高校学生管理工作当中出现了许多法律问题和纠纷，引发了一些诉讼司法的事件。由此可以看出，高校相关的群体的法律意识和通过法律手段保护自己的正当权益的认知在不断提高，而更多的高校管理者和相关行政单位越来越重视高校学生管理的法治建设。从高校学生管理工作出现的诸多问题来看，高校管理尚不健全，法治化程度较低，主要体现在高校的规章制度不健全，包括以下几个方面：第一，高校的管理理念落后，经验式的管理占有较大比重，想当然和乱指挥的情况仍然存在；第二，管理存在审查和控制不严的现象，管理不到位，执行力差；第三，无法可依和有法不依两种情况仍然存在；第四，人力资源管理的结构松散，高校管理者的再教育和积极性有待加强；第五，规章制度不合理、不切实际，造成资源的浪费。

(二) 内部主体结构方面的问题

人类的社交网络是由多个民族或地区的本土文化所塑造的，这些文化决定了人与人之间的关系性质和组合方式。高校中各种组织的存在都有其自身的价值和意义，同时又受社会环境和教育水平等因素制约。通常情况下，我们在构建学生管理法律保障系统的过程中，需要关注很多方面的因素，如高校外部环境因素的影响，又如高校内部环境因素的影响，此外我们还需要充分考虑高校内部结构及高校发展的需求。高校学生管理的主体结构由三个群体构成，分别是高校领导、高校学生管理者和学生。其中，高校学生管理人员是学校内部的领导者，其自身素质直接影响到学校内部各群体间以及不同类型组织间的相互关系。高校学生管理法治保障建设的核心内驱力，源自三个类群之间的层次关联系统，这一内部结构构成了高校的重要组成部分。

高校的领导、学生管理者以及学生本身都有各自不同的角色和职责，因此在高校学生管理法律保障系统中，它们的作用和特点也有所不同。高校领导在国家法治建设战略和学校法治建设之间扮演着关键的角色，他们是连接这两个方面的纽带，同时也是"承上启下"的关键人物。学生管理者是与学生群体接触最为频繁、最近的人，对学生的整体情况了解最为深入，因此他们对高校领导和学生之间联系的紧密程度起着至关重要的作用。高校学生管理法律保障系统建设的基础在于学生作为高校法律保障系统建设的重要主体和对象，其整体特征和需求需要得到充分考虑。由于高校领导、高校学生管理者和学生在法制认识方面存在不足，法律意识薄弱，并且仍未从传统模式中摆脱出来，这并不是某个单一主体或群体的问题，而是各个主体和群体之间的思想观念存在相似但表述非常不同的情况。

（三）文化建设方面的问题

文化具有流动的性质，书本中躺着的文字不是文化，因为人没有意识到它。意识到某种知识并以某种方式与外界进行交换流动，文化才得以存在。所以文化的载体是交换通道，其性质是流动的，它发端于个体的认识和意志，在一定的场域当中形成个性的或者共性的倾向。

文化建设的本质是塑造一个场域的网络，将其内部的个体囊括其中，并对其产生影响或制约。文化所寄托的场域，是构建于人的基本活动之上的，如人的衣、食、住、行、育等。从文化建设的本质上来看，文化建设的作用是对场域中的个体产生了一个多维度、多层次的影响。这种影响是由个体的本部心智状态向外部的表现形式转化，进一步从外部的表现形式内化到个体的内部心智状态，并通过这样的方式在场域的网络当中形成一种复杂交错流动的网络。由此可知，文化建设对人的影响是多维度的，不仅涉及个体的内在心智状态，还包括外部的外在表现形式，从而产生双重效应。

传统的"人治"文化和高校人才培养模式长期以来对高校学生管理的法律保障的文化建设产生了单一的影响，导致法律保障的文化建设知识仅停留在表面，难以深入探索法治文化的内核和思想意识层面，进而阻碍了民主观念和意识的形成，使文化建设的水平无法提高。我国的文化传统受到德治和礼治的影响，导致法治文化在中国的传承方面存在缺失。为了弥补这一不足，我们需要从西方制度文明中学习借鉴，构建一个适应中国本土文化特点的法律保障体系，以促进区域发展。当前，高校学生管理法律保障的文化建设出现的核心问题主要有：高校法治文化氛围不浓、法治信念文化缺位、制度文化不健全、廉政文化不到位、国家公民文化欠缺。

二、高校学生管理法律问题产生的原因

进入 21 世纪以来，我国的法制建设逐步形成体系，教育法律体系也逐步完善，但这并不意味着教育法律秩序已完善。近年来，高校学生管理不断出现问题，产生这些问题的原因是：学校行使自主管理权和学生依法享有的权利相冲突。然而大部分人认为，这些问题产生的原因是某些学校或某些管理部门管理不到位。但是原因不仅仅这么简单，产生这些问题真正的原因在于，法制社会下学生日益增长的维权意识和学校陈旧的管理体制、老旧的程序之间的冲突。

下面主要从四个层面分析高校产生学生管理法律问题的原因：第一，高校学生管理缺少外部保障条件；第二，内部主体结构方面产生的问题；第三，法治文化建设方面的问题产生的原因。

（一）高校学生管理缺少外部保障条件的原因

高校的规章制度制订程序存在问题。一般说来，一项具体的规章从制订到出台至少需要经历以下步骤：草拟、审定、签发、修改和废止。许多学校制订规定制度几乎不涉及规章制度的修改和废止，缺少学生和教师的参与，不具备民主、公开和广泛性。除此之外，学校各部门的规章制度不够明确具体，责任主体不明确，缺少有效的监督机制。

高校学生学习发展变化极具复杂性。进入 21 世纪后，进入高校的学生无论是从学习环境、学习方法还是接触的人群、价值观和评价方式都发生了翻天覆地的变化。除此之外，随着科技、媒体的迅速发展，学生在网络上接触各种各样的信息，网络上的信息与社会联系较为紧密，因此，学生的学习和发展不是一成不变的，而是极其复杂的。高校的规章制度并不是为管理设立的，而是为了学生更健康的学习发展而设立的，所以高校的规章制度应该跟学生、社会的发展保持一致。举个例子：互联网时代兴起以后，网上学习变成一种不可或缺、非常重要的学习方式，但网络上有许多负面的因素，会影响学生的学习和发展，这时候学校应该设立与此相关的规章制度，以保障学生健康的学习和发展。

学校制订的规章制度缺少国家法律依据和保障。目前，我国关于高等教育的法律较少，与高等教育有关的国家法律法规主要有《中华人民共和国教育法》《中华人民共和国高等教育法》，但两部法律关于高校如何制订规章制度并未作出明确的规定。在面对"无章可循"的情况下，各个高校为了使自己的管理"师出有名"，根据本学校的需要纷纷出台"土政策"。但是由于每个学校管理者对法律法规的理解不尽相同，经常会出现制订的规章制度不健全的情况，甚至可能与国家的法律法规相冲突。例如，北京科技大学田某案中学校制订的"凡考试作弊者，一律按退学处理"明显与国家颁布的《普通高等学校学生管理规定》中关于退学的条件相违背。

综上所述，高校的规章制度制订程序不科学、学生的学习和发展极具复杂性、学校制订的规章制度缺少国家法律的依据和保障，这三个方面的原因造成了高校所制订的规章制度不健全。

（二）内部主体结构方面问题产生的原因

高校内部主体结构的协调性和互构性决定了高校学生管理法律保障系统建设能否实现内涵式质量发展，而高校内部主体结构之间的矛盾性是历史存在的合理体现，也是推动高校学生法律保障系统发展的动力。高校学生管理法律保障体系的内涵式发展，要求高校从内部主体结构优化的角度着力，以不断提高质量为目标，以人才培养为主线，为发展和创新保驾护航。

1. 高校领导方面问题产生的原因

在我国高校管理体制当中，高校领导的角色对高校的发展方向和质量起着决定性的作用，虽然其有诸多不合理、不科学的地方，并在较长的一段时期之内仍然会保持这样的状态，但是我们在努力优化现存格局的同时更要正视现状。目前，高校领导作为高校内部结构中的关键角色，其主要问题是"上，不承法治；下，不接地气"。究其根本原因有以下几个方面：高校领导的法治思维缺失、依法治校的能力较差、高校领导"独大"。

第一，高校领导的法治思维缺失。目前，高校领导或多或少地持有人治大于法治的思维，或者是用人治的视角去审视法治的现象和问题，特别是在法治建设和人的利益、意志相冲突的时候尤为明显。另外，高校领导的权力本位思想严重，只对上级领导负责，不对教师和学生负责，以致高校学生管理法律保障系统建设脱离了广大的师生基础。此外，某些高校领导认为，只要有完善的法律法规和学生管理规章制度就可以了，忽视了法治建设是一个艰难而又漫长的治理过程，绝不仅仅是法律条文和规章制度那么简单。

第二，高校领导依法治校的能力较差。由于某些高校领导对法治的认识和高校历史原因，其依法治校的能力并不强。一方面，对高校学生管理法律保障建设的认识不够深入；另一方面，对法律保障建设的理念和原则存在一定的误解。另外，高校领导的事务繁忙，对高校学生管理法律保障建设显得有心无力，这也是导致高校领导"上，不承法治；下，不接地气"的重要原因。

第三，高校领导"独大"。高校领导的权力过大，导致高校学生管理法律保障建设与高校领导的能力关系很大，其依法治校的能力强则法律保障建设进程较快较好，其依法治校能力差则法律保障建设停滞不前甚至倒退。而当前高校的制度还未形成有效监督和制约的机制，特别是在科学合理的执法程序方面。

2. 高校学生管理者方面问题产生的原因

高校学生管理者与学生接触得最多，是最了解学生状况的群体，同时也是最容易和学生发生纠纷的群体。高校学生管理者的法治观念和法律素养对学生的影响是不容忽视的，这是由学生管理者和学生之间的直接关系决定的。如若高校学生管理者不能将高校学生管理法律保障建设的工作和学生的实际情况结合起来，那么就会导致学生管理的纠纷事件频频发生。目前，高校学生管理者方面出现问题是：法治意识淡薄、人治和官本位思想严重、应付式的工作模式。导致这些问题出现的主要原因是：高校学生管理理念落后、对管理者和学生之间的关系认识不清、高校管理制度缺乏激励机制导致管理者的能动性较差。

（三）法治文化建设方面问题产生的原因

高校法治文化是国家法治文化的一个组成部分，它体现了高校内部的法治精神和理念、原则和制度、运行实践和行为模式，与高校的人治文化形成了鲜明的对比，是一种进步的文化形态。探讨现代社会中高校人的法治文化共识、价值取向和行为方式，涉及法治物质载体、法治规范制度、法治精神意识和法治行为方式等多个方面。其核心在于高校人对现行高校法律规范体系及其运作实践的思想、观念、意识、态度、感情、期望和信仰等方面的认知和理解，可以从法律心理层次、法律意识层次和法律思想层次三个层面进行总结和概括。

法治文化建设方面问题产生的原因主要是：法治文化的功能没有发挥其应有的作用，所以首先要厘清法治文化建设具有哪些功能。法治文化建设的功能主要有：第一，协调和整合的功能。它使高校法治建设各方面主体的价值取向更趋向于"合"的状态，这种一致性的基础能够在一定程度上解决高校学生管理的法律纠纷和矛盾。第二，内化的功能。法治文化作为一种思想观念、意识形态，对各方面主体有一种潜移默化的熏陶作用，这是推动高校学生管理法律保障体系建设的内在动力和源泉。第三，延伸和辐射功能。高校的基本职能是育人，高校培养出具有法律素质和法治文化修养的学生，当这些学生进入社会后就会不同程度地对其周围的环境产生影响，法治文化就延伸到了其他的场域中并可以发挥积极的作用。另外，高校作为社会网络当中的一个重要的枢纽节点，高校法治文化的建设对区域的法治文化的影响是深远和广泛的。

第二节 高校学生管理工作在新时期的发展趋势

一、互联网媒介素养教育

（一）高校学生网络媒介素养教育的特征

1. 教育理念的转变更新

在传统教育模式下，教师的角色是至关重要的，他们对教学过程和学生的学习成果有着关键性的影响。在网络时代，学生可以通过各种途径轻松获取信息资讯，导致教师在知识传授过程中的主导地位逐渐被削弱。一些人认为，随着网络媒体的广泛使用，我国已经进入了一个"后比喻文化"的时代。传统的师生关系面临新的挑战，我们的教育者需要改变教育理念，从"教师中心论"转向"师生相长型"，即立足学生参与互动融合理念，根据学生的需求和认知行为，以及研究学生网络媒介使用习惯为基础，制订出符合时代发展和实际需求的媒介素养教育培养方案。

2. 教育方法的创新发展

当代大学生热衷于新媒体，因为它具有交互性、时效性、多媒体性和多元文化性等特点。现在的大学生已经不再依赖传统媒体，如报纸、电视、广播等来获取信息了，而是更倾向于利用 App 移动应用服务、SNS 社交网络服务等新媒体平台来获取资讯，并享受参与和互动的乐趣。教育方法的创新发展面临更高的要求，需要摆脱原有的灌输式、单向传授的方式，更加注重学生与周边环境的融合，强调学生自身感受和意见的表达，鼓励团队成员之间的交流互动，采用多样化的传播形式和交叉性的传播平台等。

3. 评价反馈的机制完善

亨利·詹金斯曾提出 12 种新型媒介素养技能，包括游戏技能、表演技能、模拟技能、借鉴技能、多任务处理技能、分布式认知技能、集体智慧技能、判断技能、跨媒体导航技能、网络技能、协商技能和可视化技能。网络时代对于个人媒介素养的需求，反映了新媒介发展在技术和内容上对受众能力的更高要求，同时也体现了受众在新媒介中追求社交、尊重和自我实现等更高层次需求的心理状态。为满足新时代的人才培养需求，我们需要进一步完善现有的媒介素养教育评估机制，将重点从仅仅注重媒介文本的阅读理解能力扩展至注重实践参与能力、角色转换表现能力、信息采集和加工能力、环境监测和事物关键细节把握能力以及多元文化的了解和尊重能力等综合能力的考察。

（二）加强大学生网络媒介素养教育的必要性

1. 缺乏公共政策的制度保障

大学生网络媒介素养教育是一项重要的系统工程，需要政府部门主导制订相关公共政策，对技术支持、经费保障、协调推广、责任分工等方面进行全面规划和统一协调，建立包括课堂、社会、家庭教育的全方位、多层次的教育体系。

2. 缺乏课程体系建设和规划

目前，国内高校大多数没有将大学生的网络素养教育课程纳入教学大纲，也没有要求学生掌握媒介素养的基本知识和能力，同时也没有开设与媒体传播运作、媒介内容赏析批判、传媒法规与伦理等方面有关的课程。高校现在把媒介素养教育纳入了课程体系，要求学生学习指定课程，以掌握有效获取媒介信息、了解媒体运作功能、批判选择媒体传播内容、制作传播媒体作品等能力，这是提高大学生媒介素养和综合素质的重要手段。

3. 缺乏科学调研和系统研究

目前，国内对于大学生的网络媒介素养教育缺乏科学调研和系统研究，同时也缺乏符合我国国情和大学生特征的教材和教育宣传片，而国内媒介素养教育的研究主要集中在介绍西方媒介素养教育开展情况、媒介素养基本内涵及认知、媒介素养教育的重要性等方面。

从我国国情和高等教育发展现状出发，为加强大学生的网络媒介素养教育培养，应该在政策制订、课程开发、教师培养、社会实践和科学研究等方面入手，建立一个现实可行的网络媒介素养教育体系。

（1）课程配套

高等院校将加强网络媒介教育课程的开发和管理，以确保相关课程能够顺利纳入人才培养计划和课程建设框架。借鉴欧洲和其他国家地区的课程设置方式，采用专业课程教学、课程整合、跨学科融合、主题教学等多种课程模式来进行学习。比如说，在德国的计算机课程中，媒介素养教育被纳入其中，从而促进了社会政治议题的探讨。

（2）课程设计

高等教育机构将媒介素养教育与第二课堂教育融为一体，通过社会实践、志愿服务和科研创新等途径来加强学生的网络媒介素养。这是一种育人理念，它涵盖了文化、实践和环境三个方面，都能对人的成长和教育产生积极的影响。例如，鼓励学生通过网络媒介获取、创造、传播信息，选择适合的网络媒介平台宣传项目和实践，将网络媒介素养作为研究对象进行研究，利用网络媒介进行社交，提高团队和项目的知名度，同时在实践中提升和检验自己的媒介素养能力。

（3）实践结合

高校应该积极支持网络媒介素养教育的研究工作，在项目申报、论文发表和竞赛评选中给予特别关注，鼓励高校的思想政治工作者、专业教师和行政人员开展网络媒介素养方面的研究，并为那些具有一定研究价值的项目提供资助，以促进研究成果的转化。高校积极支持研究者，为他们提供技术、资金、物质等方面的支持，并鼓励他们与外界开展交流合作，学习借鉴其他国家或地区的成功经验，从而推动我国大学生网络媒介素养教育的不断进步。

（三）"互联网+"时代我国大学生媒介素养教育存在的问题

1. 高校媒介素养教育的缺失

尽管高校教育是大学生提高媒介素养的最直接有效途径，但目前我国大陆地区高校对于大学生的媒介素养教育不够重视，媒介素养教学实践几乎没有。尽管我国已经进行了多年的媒介素养教育研究，但仍然未能将理论转化为实践，没有提出有效的媒介素养教育建议以适应我国媒介生态的大环境。

只有极少数大学生能够利用有限的校园媒体资源来参与和体验媒介运作，而且他们必须在缺乏专业老师的指导和培训的情况下自行摸索。除了传媒相关专业的学生，学校很少为其他专业的学生提供有关媒介素养教育的相关课程或讲座。

2. 新媒体中"把关人"作用的缺位

虽然课堂是人们获得教育的主要途径之一，但是这并不是获得教育的唯一途径，大学生与媒体的互动和实践同样是一种间接的教育方式。在这个过程中，媒介本身作为一个特殊的存在，它通过传播内容和传播方式的变化改变着我们生活的方方面面，其中就包括了大学生群体的思想行为模式。新媒体对人的价值观的形成产生了十分重要的影响，它可以在无形中改变人们对事物的看法，同时也可以逐渐影响人的思维方式。新媒体的传播内容具有碎片化特点，这给传统的新闻传播方式带来了很大挑战。在新兴的媒介环境中，信息的传播和接收变得模糊不清，每个人都有自己的声音和身份，但由于缺乏专业素养，信息的真实性和质量难以得到保障，这就要求我们必须提高自身素质以适应新媒体发展的需要。新媒体时代的到来，使大学生获取信息更为便捷，也让其更加关注自己身边发生的事情，从而导致了网络舆论生态的改变。网络媒体在信息筛选和加工过程中常常只关注市场标准，以获取眼球经济和吸引更多的受众，这导致了大量虚假、低俗的信息充斥其中。这种状况导致很多网民对传统媒体产生了怀疑。大学生在面对新媒体公信力的下降和"把关人"的实际缺位时，遭受到了不利的影响。

3. 国内媒介素养教育体系建构的不足

由于我国传统教育模式的影响，青少年在家庭和高校的培养中受到功利主义色彩的影响显著，他们追求实用性和快速成长。媒介素养教育所带来的成果，是在长期而持续的教育过程中得以体现的。媒介素养在教育中的作用，并非体现在一朝一夕，而是体现在一个长期的、持续的教育过程之中。但是传统教育与媒介素养教育之间的这种矛盾，势必会导致我国媒介素养教育无法形成规模。

除此之外，鉴于当前我国的实际情况，媒介资源十分短缺，而人口基数十分庞大，这在无形中也造成了媒介素养教育硬件上的不足，从而影响了媒介素养教育的规模化发展。对媒介素养教育的紧迫性和重要性缺乏正确认识的根本原因，也在于政府部门缺乏对其政策制度的支持，同时也缺乏专门机构来推行该教育。

（四）针对新媒体环境下我国大学生媒介素养存在问题的解决措施

为了提升我国大学生在新媒体环境下的媒介素养水平，我们可以借鉴国外先进的媒介素养教育成功经验，并从多个角度入手，以应对当前存在的问题。

1. 学校方面

（1）开设媒介素养教育课程，建设高素质媒介素养教育队伍

媒介素养，作为一门新兴的学科，正面临着前所未有的挑战。从目前情况来看，国内许多学者都将注意力放在了对大学生进行媒介素养教育方面的研究，而忽视了针对高等院校学生的媒介素养教育。媒介素养这一概念对于大学生而言既为熟知又为陌生，而媒介素养教育学科的内涵则缺乏较为理性的理解。目前我将媒介素养教育课程引入大学教育中，充分利用各高校的优势资源，是解决大学生媒介素养教育难题的最具成效、最具科学性的方法之一。学生可根据自身情况选择相应的学习实践方式，从而提升对媒介知识的理解和运用能力。

（2）充分利用大学校园资源，增加媒介认知

在媒介信息的制作与发布中，大学生的参与度相对较低，这为媒介素质教育工作蒙上了一层神秘的面纱。在当今大学生的生活中，传媒作为一种合理存在且蓬勃发展的实体，其内容和精神已经渗透到了每个角落。在大学校园中，各种教育和学习工具琳琅满目，应有尽有。校园媒体以其独特的优势吸引着当代大学生，

对他们进行各种形式的媒介素养培训,大学生可以利用校园媒体资源,如校报、校园广播电台、校园电视台和校园微博等,进行接触和参与。这些媒体具有一定的时效性、广泛性、互动性和开放性等特点,对促进大学生思想政治工作有重要意义。

2. 媒介方面

(1)媒体和大学校园合作,为大学生提供实践平台

媒介素养教育与媒介实践之间存在着一种相互促进的关系,因此,大众媒介应该与大学校园建立紧密的联系,以提供更多的实践机会,从而更好地服务大学生。比如,传媒和校园联合开展了一次"DV校园新闻制作"大赛,专业人士走进大学为学生提供指导,让他们亲自参与拍摄、加工和制作,最终评选出优秀作品在媒体平台上播出。这不仅让学生获得成就感,还能学到媒介知识。同时,学校还会不定期地邀请知名主持人、资深编辑、记者等媒体人士来到校园,与学生们进行面对面的交流互动,从而增进大学生对于媒体的感性认知,减少他们对于媒体的陌生感。只有通过提高大学生的媒介素养,才能让他们不被媒体的形式和内容所左右,而成为理性的媒体消费者,不仅仅是简单的欣赏和浏览传媒发布的信息,也不是盲目追逐新传媒所带来的新鲜感。

(2)媒介发挥"把关人"的作用,提高自身的公信力

媒介在信息的生产和传播过程中,应当扮演一位审慎的监督者,以确保信息的准确性和完整性。随着现代社会科技发展的日新月异,新媒体时代已经到来,并对传统大众传播模式产生了巨大冲击。大学生的人生观和价值观深受各种传媒文化的强烈冲击,这些文化形态对他们的价值观产生了深远的影响。当代青年学生对新闻信息有一种特殊的需求——猎奇心理,这是其最基本的心理特点之一。媒介在信息传播过程中起着至关重要的作用,它可谓是掌握着信息发布与传播的"生杀大权"。媒介作为一个特殊而又重要的教育环境,理应为学生创造一个良好的知识、技能学习环境,让学生接近、掌握这个正确的知识,从而提高其素质。因此,作为媒介工作者,必须不断提升自身的理论素养和写作技能,同时始终坚持正确的舆论导向,以引导大学生正确认知信息的真实性,帮助那些辨识能力较弱的学生更好地理解信息。

二、构建专门的网络平台

（一）高校网络平台构建的有利条件

1. 时代发展的需要

在网络飞速发展的时代背景下，网络已成为人们生活中不可或缺的一部分，其用户数量庞大，覆盖年龄范围广泛，对人们的影响力也逐渐显现。网络平台具有独特的特点，默默地塑造着人们的价值观念和思维方式，丰富的资源也改变了人们的学习方式，高效便利的交往方式也改变了人们的社交习惯。因此，利用互联网技术构建全新的校园网络平台成为当下时代赋予我们教育工作者的责任和使命。高等教育机构应当紧紧抓住这个难得的机遇，将更加多样化、更具吸引力的方式融入学生的教育和管理中，以充分发挥网络平台上教育、管理和服务的作用。因此，对高校来说，如何利用好现有网络平台是当前亟待解决的重要课题之一。

2. 发展前景好

由于其网络特性，校园网络平台呈现出活跃、全面、创新、高效的多种特点和优势，同时也为用户的使用和参与提供了极大的便利。随着教育信息化进程的推进，校园网络平台成为学校宣传思想工作与教学实践相结合的重要载体，为校园文化建设提供丰富而有效的服务。校园网络平台不仅是高校文化内涵、办学精神、优势特色的最佳展示窗口，同时也是传播校园主流文化的全新平台。因此，如何利用好校园网络平台来推动高等教育事业的发展成为当前高校所面临的重大课题。尽管高等院校的网络建设相对滞后，发展时间也相对较短，但这并不妨碍其改革和发展，同时也不会受到固化思维方式的限制，从而减轻了改革所带来的痛苦。高校可以通过建设平台来提升学校的知名度、美誉度以及影响力，并能为学生提供更加丰富多样的服务。因此，高等教育机构可以通过建立网络平台和培育校园文化，不断创新其教学管理发展新模式。

（二）高校新校区网络平台构建遇到的问题

当前，大多数高校校园网络平台的主要目的是呈现高校的基本情况，然而这些平台的用户参与度较低，难以引起大学生的兴趣和关注。同时，由于网站本身存在缺陷导致很多用户对其产生厌烦心理，进而影响到校园网络平台的推广效果。

1. 启动实施有阻力

新校区的发展时间虽短，但在建设期内尚未形成明确的校园文化发展方向，且文化积淀性不足。在利用网络平台开展校园文化建设方面，新校区还处于空白阶段，起点相对较低。此外，由于人力、资源等投入不足，新校区在启动实施网络平台建设方面面临较大的压力。

2. 形成特色较困难

由于其悠久的历史和深厚的文化底蕴，老校区在网络平台建设方面已经初步形成了规模，并探索出了适合各校特色的校园文化建设路径。高校新校区面临的挑战很大，因为它们成立的时间较短，而且当前国内的高校都在寻求新的发展，无论是行业特色高校还是综合性高校，都需要走出一条具有特色的道路，因此，高校新校区选择并走出一条特色道路是相对困难的。

3. 可用资源较匮乏

在高校新校区的起步阶段，其发展存在诸多的问题，如专业人员缺乏、资金设备不足，以及与信息源相关的硬件、软件也存在一定的不足，而这些都需要依赖于其他部门的支持。因此，新校区建设中必须建立完善的保障体系来保障新校区的正常运转，包括人力资源管理体系、信息资源管理系统和财务管理体系。新校区在人力资源方面面临着数量和质量的双重挑战，同时也存在着许多学校管理人员对于网络的认知不足的问题。

（三）高校网络平台的构建途径

1. 打造特色网络品牌

校园网络平台的重要性在于其内容的准确性和更新速度等方面的关键指标。当前的大学生，大部分是与网络一同成长的，如果想要在网络上吸引他们的关注，就需要另辟蹊径，如独特的形式、充实的内容和快速的更新。因此，高校需要对校园网络平台进行改进，以解决吸引力不足和利用率低等问题。这包括改善平台的形式、内容和功能，以及加快更新速度，使其更符合用户需求。高校需要改进校园网络平台的功能，增强用户参与度，加速和加深校园文化与高校的融合，从而更好地推动高校的发展。高校新校区在构建独特的网络品牌时，应该更好地利用社会上已经发展成熟、具有广泛影响力的媒体资源。

2. 优化校园门户网站

每个高校都可以充分借助校园门户网站在教育中的优势，在网络上展示自己，这是一个非常有效的平台，也是发布相关信息的主要途径。校园门户网站可以设立校园特色专栏，如以学校学科特点为主题，针对学生用户的需求，整合思想政治教育、专业知识、科技发展、就业指导、文化传承等板块。像重庆邮电大学的"红岩网校"和河南农业大学的"太行之路网站"等，都是这种类型的栏目。

一个经过精心设计、合理布局、内容独具匠心的校园网站，不仅可以提升社会关注度，更重要的是能够吸引更多的学生关注校园门户网站，增强学生的自豪感和归属感。官方微博已成为网络发声的新平台，各大高校、企业和政府也纷纷加入其中，通过开通官方微博实现宣传面的扩大，同时还能更快地发布信息和开展互动交流。在校园中，学生们手持手机刷微博已经成为一种普遍的行为，因此校园官方微博利用微博的特性，通过发布社会热点问题与话题、普及与学生学习生活相关的知识与信息、组织学生参与活动及话题互动等活动，有效地吸引了学生们的注意力，同时利用微博消息发布及时、传播面广等特性，更好地促进校园文化建设活动的开展。

3. 建设其他网络平台

如今，贴吧、微信、论坛、QQ空间等各种网络平台也变成了一种新型的交流方式。随着移动终端技术的不断进步和更新，越来越多的网络用户倾向于使用手机、平板等终端设备来参与网络互动。现今，许多大学生利用手机在微信、贴吧、论坛上逛逛、写写说说、更新空间，这些网络平台已经成为学生们在闲暇时光中表达个人情感、相互交流的重要渠道。高校应该重视开发和应用这类公开的网络平台，充分利用这些平台庞大的用户群优势，推出具有特色的高校网络平台，以引导大学生的伦理道德教育，促进校园文化的多元化和良性发展。当然，大学必须善用和掌控这些平台，利用这种类型的网络平台来发起话题、交流讨论和宣传活动，以促进校园文化的建设。

4. 充分挖掘潜在人力资源

网络之所以蓬勃发展，在于其更新速度前所未有，同时也因为它具有良好的参与性和互动性。相比于传统的纸质媒介，电子媒介已经深入人们的生活和交往中，成为不可或缺的一部分。校园网络平台的建设，不仅需要一定的物质支持，更需要充分发掘学生这一庞大的潜在资源，调动他们的积极性和创造力，既能发挥学生的主体作用，也是人本主义教育理念在校园实践中的具体体现。高等学府应该积极利用专业教师和辅导员的智慧，共同研究创新教学内容和提升技能水平，积极参与校园各项文艺活动。全面调动学生干部、学生党员以及其他学生群体的积极性，让他们不仅享受校园网络平台带来的便利，更能积极参与其中，共同推动平台的发展。利用现有群体，挖掘潜在资源，在网络平台的宣传和构建中，教育者和受教育者都能够积极参与。

5. 营造校园网络文化，共筑品牌校园文化

网络的介入为高校校园文化注入了新的元素，让它更加多彩生动，但同时也给高校思想政治及德育工作带来了全新的难题和考验。打造一个校园网络平台，其内容丰富、功能完备，同时也具有开放性，以此来引导学生健康上网并传播校园主流文化，同时展现高校的品牌特色。打造一个完善的校园网络平台，创造健康和谐的网络文化，同时共同打造品牌校园文化，这不仅是对网络挑战的有力反击，更是为全校师生提供更具活力的成长环境。

三、教育、管理、服务一体化发展

随着高等教育改革的不断推进，高校规模不断扩大，教学和学生管理工作也面临着前所未有的新挑战。传统教学管理体制下形成的"重教师、轻学生"等问题已不符合现代教育发展趋势，难以满足新形势下人才培养的需要。为了适应新的发展形势，教学和学生管理工作需要建立全员联动的机制，积极探索教学和学生管理的一体化模式。

（一）高校教学与学生管理体制和运行机制出现的问题和弊端

1. 教风建设与学风建设不能互相促进

通常情况下，高校在管理过程中采用的是两级管理的模式，将学校的管理重

心向下属分支机构下放。各部门根据各自职责和任务进行分工合作，各司其职，共同承担高校教育教学活动中各项具体事务。各部门之间既相互联系又相互影响。在学校的最高层级，教学管理工作由教务处负责，而学生管理工作则由学生处负责；在分院的二级层面上，教学管理工作由教务办公室负责，而学生管理工作则由学工办公室负责。因此，教学管理部门与学生教育管理机构之间存在着职能上的交叉重叠关系，即教学管理部门负责具体教学活动的组织实施，而学生教育机构则主要从事思想政治工作。这种管理运行模式呈现出明显的纵向工作相关性，而横向工作相关性则相对较弱。因此，从整体上看，二者之间存在着信息传递不及时，相互沟通不畅等问题，在这样的管理模式下，我国高校也很难形成教风、学风协同发展的目的。

2. 学生成人与成才出现"两张皮"

因为教学与学生管理工作缺乏协调机制，专业教师重视教学，而学工人员则专注于培养学生，导致工作本位思维严重，缺乏综合教育观念。教师和学工人员之间缺乏必要的沟通、互动和合作，导致管理效率低下，难以形成协同作战的力量。这会导致学生在人格教育和专业学习之间出现矛盾，成年后的个人形象与职业形象会出现分裂。在高校中，管理人员数量有限，工作量巨大，因此采用条块分割的工作模式，导致管理人员的职责划分过于严格，人员之间的流动和协助功能受到了削弱，这不利于发挥管理群体的作用，也会降低工作效率。

总而言之，如果想要不断提升高校管理效果，我们势必要不断更新高校管理理念、创新高校管理结构，使教学管理与学生管理有机融合在一起。

（二）实施教学管理与学生管理一体化的基础与优势

1. 各类高校间在人才、科研、资源等方面的竞争异常激烈

从高校竞争方向和排序的角度来看，那些实施了"985工程"和"211工程"的顶尖大学正在全力以赴，争取成为世界一流大学。作为地方高校，以教学研究为主要目标，各校之间的竞争越来越激烈，尤其是争夺进入国内一流大学的机会。其他高校也在加强自身建设，提升水平，增强实力，因此竞争也同样激烈。即使我们付出更多的努力，高校之间的差距也很难迅速缩小，特别是如果我们继续沿袭别人的老路，采用原有的思维方式、价值观和质量标准来发展，那么我们更加

难以取得成果。高校必须放弃单一的发展路径，采用更加广阔的视野和更有效的方法，集中多样化的资源，以跨越式发展方式提高办学水平。只有这样才能夯实基础，实现基本功课的扎实，同时进行大胆前卫的改革，建立新的视角和新的路径，充分利用灵活的激励机制，挖掘组织内部多样化的资源，走超常规的发展道路，开启高水平大学的卓越进程。

2. 践行教学管理与学生管理一体化的初步思路

重新规划机构架构，优化员工配置，协调分工，以达到更高效的运作。将学生处取消，将其管理职能转移到教务处，而教务处则设立教学运行管理处、学生管理处、教学基本建设管理处以及实验实践教学管理处。学院领导在分管教学的同时，需要协调学生工作，实现教学与学生管理的有机融合。此外，还需要加强、完善和优化学院办公室的职能和人员配置，让学院办公室统一负责教学、科研、学工、党务、行政人事等方面的日常管理，为教学管理和学生管理的一体化提供组织保障。

3. 完善和创新管理一体化制度

在现有的教学管理和学生管理制度的基础上，为了实现管理一体化的目标要求，需要优化学校学工部、学生社区、校团委以及各学院之间的协调功能，同时也要优化各学院的教学和学生管理职能，进而探索建立一个高效运行的教学和学生管理一体化管理模式和制度，以确保学生教育管理的全面、细致和到位。例如，学校可以推行联席会议制度，以实现教学和学生管理的协同作业；同时，任课教师和辅导员之间也可以开展协作交流，加强教学质量和学生服务；此外，学校还可以建立教风和学风联动制度，促进学风建设和教学改进。这些制度的建设应由教务处牵头，学生社区、校团委、学生学业信息咨询中心和各学院共同参与，以确保教学和学生管理的一体化管理得以顺利实施。

4. 加强教学与学生管理一体化的信息建设

建立一个集中管理、分散操作、信息共享的信息系统，使得传统的管理方式向数字化、无纸化、智能化、综合化和多元化的方向发展，同时实现教学管理和学生管理的统一。高校应该加强教学管理和学生管理信息系统的建设，以便实现教学和学生信息资源的共享和互动，提高管理的规范化程度，同时也促进学校和学院两个层面的教学和学生管理的协作一体化，更好地为学校的育人功能服务。当然，教学和学生管理信息系统是一种功能强大、应用广泛的工具，它的使用可以提高学校教学和学生管理的效率和便捷性，同时也将对未来的教学和学生管理提出更全面、更高的要求。

5. 强化"全员育人"工作机制

从某种意义上来讲，学生的培养主要涉及两方面的内容：一是"教"，二是"学"，而且这二者是有机结合在一起的，只有这样才能实现对学生的全面发展。高等教育机构应积极探索建立一套"全员育人"工作体系，该体系将管理重心前移至教学班，实现全员联动一体化，跨越边界无缝隙，采用多层面、多角度、全方位的育人管理模式，充分发挥班委成员、辅导员、学生家长、任课教师、校领导等各层面管理育人的积极作用，全力培养德智体美全面发展的合格人才。

当然，我们在这里所说的管理一体化，并非是简单地将"教"与"学"结合在一起，而是要将二者形成一个有机的管理运行机制。因此，我们必须以"育人"为中心，将教学管理和学生管理紧密结合，充分发挥教师在育人方面的作用，推动专业教学和学生管理相互融合，进而构建一个科学、合理的管理运行机制。

四、科学性、时代性、层次性相融合

学生管理工作是学校教育的重要环节，高校学生管理工作日益成为社会关注的热点。

（一）高校学生管理工作的现状

1. 学生管理理念滞后，管理体制僵化

从当前我国高校教学管理的实际情况来看，一些高校教学管理者依然受传统观念的影响，他们在开展教学管理的过程中，总是习惯性地训斥学生，始终将自己摆在高高在上的位置上，空洞的说教占主导地位，缺乏有效的心理沟通和指导，不能和学生进行平等的交流；学生参与学校管理的意识差；缺乏人性化、个性化的关怀，忽视了大学生的个性发展与成长需求；管理呈现出浓郁的色彩，而服务则呈现出淡雅的色彩；对于学生管理而言，其权限和涉及的主体尚未明确界定。以上种种现象反映了当前高校学生管理文化建设中存在着不少突出问题。高校学生管理工作的具体目标必须以学生的全面发展为核心，围绕着一个根本目标不断推进。因此，要实现这一目的，就要以人为出发点，以学生为本，尊重学生，关心学生，关爱学生，满足他们的合理需求，最大限度地发挥每一位学生的潜能，使其成为学习活动的主人。从现有的实践结果来看，开展人性化的教学管理，可以解决学生与高校管理者之间很多的问题，有助于学校管理工作的开展，这在无形中降低了高校教学管理工作的成本，也为构建和谐的师生关系奠定了基础。

2. 学生管理工作形式单一，趋于表面化

随着高等教育大众化进程的加快和社会环境的变化，原有的学生管理模式已不能适应形势发展的需要，迫切需要进行改革与创新。在当前的历史背景下，学生管理工作必然会面临新的挑战和机遇，需要不断探索和创新。因此，必须创新学生管理方式方法，建立科学有效的学生管理体系，才能使大学生健康成长成才。由于教育观念滞后和管理体制陈旧，致使许多学生存在着严重的心理障碍和行为偏差。在这样的环境下，学生的全面发展和创新思维的培养变得十分困难，他们的人格也难以健全。要想从根本上改变这一现状，就必须进行管理制度的改革，让"人"真正成为教育活动的主体，把对学生的关心转变为一种人文关怀。现代社会所需之人才为创新型，唯有在和谐宽松的环境中，方能有效地尊重、培养和挖掘学生的个性、兴趣和潜能。以人为本是新时期教育理念的集中体现，也是高校实施素质教育的基本要求。

3. 学生管理工作者的业务素质跟不上时代发展的步伐

随着素质教育的全面普及，学生管理工作越来越注重全面性、层次性和现代性，因此需要学生管理工作者具备更广泛的管理学知识和掌握现代化的管理手段。当前，由于许多高校缺乏有效的激励机制和管理措施，导致学生管理工作者的工作热情和责任感不足，工作效率不高的问题愈发突出。大多数高校的学生管理工作队伍采用专兼职相结合的方式，但有些兼职辅导员或班主任更专注于科研和自身的业务教学，这导致他们在学生管理工作上的投入时间相对较少，与学生之间的交流和沟通也较为匮乏。大多数兼职教师在学生管理理论知识方面缺乏，再加上学习、进修和提高的机会稀缺，导致他们的业务水平无法满足时代发展的需求。

（二）学生管理工作制度化与人性化有机融合的意义

1. 学生管理工作制度化与人性化相融合克服了单纯制度化带来的弊端

在以前的传统管理模式下，管理者只注重理性因素，而忽略了人性因素，导致学生管理工作变得过于程式化、标准化和规范化。这种模式虽然使学生管理工作者分工明确，学生管理工作有条不紊地进行，但它也会限制学生管理工作者的创造性和主动性，导致对学生的教育和管理机械化，无法有效地挖掘和培养学生的潜能、兴趣和个性。在学生管理工作中，必须根据不同的人、时间和情况采取不同的管理方式，要注意处理好刚柔的平衡，注重人性化，充分发挥学生的主观能动性，让学生从"被动接受"到"主动探究"，这是未来学生管理工作的发展方向，也是当今社会发展的必要条件。我们主张在专业教学中，根据学生的个体差异，采用因材施教的教学方法。每个教师都有自己独特的教学方法，每个学生都有着自身的个性特征，所以必须针对每一个学生进行个性化的教育与引导。在日常的学生管理工作中，我们必须根据每位学生的独特特点和需求，制订个性化的管理策略，以促进他们的个性发展。

2. 学生管理工作制度化与人性化相融合是学生工作发展的必然要求

制度化管理、人性化管理二者之间有着共同的目的，其旨在最大程度上激发师生的主动性，以实现管理目标——促进学生的全面成长。通常情况下来讲，规则制度的制订需要遵循一定的原则，其中最重要的一条便是规则制度符合大多数人的利益需求，同时规则制度还要对一部分人有一定的约束能力，只有按照这样的原则去制订规则制度，才会最大程度上得到人们的认可，使人们对规则制度达成共识，从而使学生自觉遵守自己的义务与职责，而非消极地服从与执行。高校在执行规章制度时，也要遵循一定的原则，如适度原则，同时也要将原则性与灵活性进行有机整合，从而实现对学生的问题进行具体的分析，并做出正确的处理决定，这也符合人性化管理理念。人性化管理作为一种先进的管理手段和方法，其本身具有科学性、合理性及可行性等优点。随着时代的演进和高校学生管理工作的变革，越来越多的人呼吁采用以人为本的管理方式，这已经成为学生管理工作的大势所趋。

3. 学生管理工作制度化与人性化相融合是培养高素质大学生的现实需要

现今的大学生中，多数是"00后"独生子女，其中一些学生具有较强的自尊心和个性，总是以自我为中心，缺乏对他人的尊重和关爱，缺乏换位思考和为他人着想的能力，同时也缺乏实践经验和社会阅历，对挫折的承受能力较弱。传统的学生管理工作模式已不能满足大学生综合素质培养的需求，这就是上述情况的反映。人性化管理是一种根据不同层次大学生的特点和需求，个性化定制的管理方式，它将"教育对象"转变为"服务对象"，实现了从过去的强制性管理到现在的服务性管理的根本性转变。以学生为中心的管理理念，旨在明确学生作为教育和管理的主体，而非单纯的管理对象，实现了对大学生素质要求的人性化管理。

（三）学生管理工作制度化与人性化两者关系认识上的误区

1. 制度化与人性化互为对立的关系

制度化管理是建立在制度规范之上，通过协调组织机构的协作行为来实现管理目标，它强调法治思想，坚持规章制度的严格执行，不受个人因素的影响，注重规范化管理。它主要通过约束与激励两种机制来实现对员工的有效控制和引导。个人因素在纯粹的制度化管理中被忽略，这种管理方式呈现出一种刚性化的特点。以人为中心的管理理念，体现了对人的尊重和理解，激发了人们的创造性和主观能动性。它是把人性作为出发点和归宿的管理模式，是将员工视为企业利益的一部分，通过建立良好的工作关系，使其能够充分参与到管理工作中来，从而获得更好地完成任务的效果。实现个体的成长和价值，需要采用一种灵活多变的管理方式，即以人为中心的管理。正因为如此，一些学者片面地认为制度化与人性化二者始终处在对立面，处于一种"鱼与熊掌不可兼得"的局面。但是实际上来讲，制度化与个性化二者并非对立的，它们只是在不同的层面上采用的两种不同的管理策略。相对于制度化管理而言，人性化管理更注重于提升管理的人性化水平。因此，以人为本的管理是学生管理的目标和方向，而制度化管理则是实现人性化管理的基础和保证，二者缺一不可。人性化管理注重管理的灵活性和艺术性，而制度化管理则强调管理的规范化和科学性。如果缺乏规章制度，学生管理工作就无法有明确的准则和依据，同时缺乏人性化管理，学生管理工作就会失去长期发展的基础。制度的完善是人性化管理不可或缺的基石，二者相辅相成，相互促进，缺一不可。

2. 人性化管理等同于人情化管理

有些学生管理工作者认为，由于人性的弱点在管理过程中暴露出来，导致管理的混乱和无序。其实，这种观点是错误的。需要明确的是，人性化管理并不等同于以人情为基础的管理方式。人性化管理是以严谨的规章制度为基础，以科学的方法和原则性为指导的管理方式；人情化管理是对管理制度的任意使用或随意变通，其目的在于维护人与人之间的和谐关系。人性化管理是一种高度主观的管理状态，其管理缺乏科学依据，仅凭管理者个人的好恶而缺乏制度支持。人性化管理要求教师要尊重每一位学生，关心每一名学生的成长和进步，对每一名学生都给予同等关注与爱护。因为人性的重要性，人情化管理需要在制度规范的基础上更多地考虑，以促进学生的全面发展，而不是仅仅关注人情因素。"以人为本"就是要把人放在中心位置，使每个人都能得到最大限度的发展。因此，在管理制度的前提下，体现"人性化"是一种管理理念，它强调在管理过程中融入人性关怀，使管理变得更加亲切自然。"人性化"与制度化相比有着更为深刻的内涵。人性化管理的核心在于以信任、理解、尊重、帮助和培养人为基础，为学生提供更广阔的发展空间，发挥他们的创造能力。

（四）实现学生管理工作制度化与人性化有机融合的对策

1. 建立科学、规范、完善的学生管理人性化制度是基础

科学合理的制度是人性化管理的基础，若缺乏合理的规章制度和规范的管理，学校的管理将失去支撑，各项工作将变得零散无序。规章制度是以法律为准绳的治校之本。学校管理制度包括教育教学方面的各种规章条例，也就是人们常说的"法"。良好的管理制度可以使学校有序运转，保证教育教学目标顺利达成。也正因为如此，高校应当尽快建立一套科学、完善的个性化学生管理制度，并对其不断优化，从而逐渐明确高校学生管理要求。在新时期下，加强高校的学生管理工作，不仅能够提升高校学生工作的质量与效率，而且也能增强学生群体凝聚力。学生的全面发展需要建立在教育为主、处罚为辅的学生管理工作之上，同时也需

要营造一个更加宽松的氛围，以促进学生的全面成长。在实际工作中，我们发现有很多学生因为各种原因不能很好地接受学校的管理制度，从而导致一些不良现象出现。为了确保学生管理制度的公正性、合理性和平等性，学生管理工作者需要不断进行实地调查研究分析，从多个方面全方位了解大学生的思想动向，与此同时还要收集当代大学生的实际需求情况，另外我们也可以积极引导大学生参与学校管理制度的建设，认真听取大学生的意见、建议，最大程度满足大学生的需求。人性化管理就是以人为本，在工作中真正做到尊重人、理解人、关心人，充分调动学生积极性、主动性、创造性。人性化管理并非纵容或人情化，而是以严格的制度为管理基础，符合科学规范并具有原则性。

2. 转变观念，牢固树立"以学生为本"的管理理念是关键

理念是行动的主导因素。学校各级领导和管理人员应该高度重视学生管理工作，将其视为一项具有长远战略意义的系统工程来对待。为确保高校学生管理工作的有效性，必须彻底转变观念，深刻树立服务意识，采用换位思考的方式，从学生的角度出发，全面审视问题并积极解决。努力为大学生提供更多学习知识、锻炼能力、提高素质和参与社会实践等方面的机会，帮助他们形成正确的人生观和价值观。我们必须以学生的现实发展需求为基础，紧紧围绕着调动学生的积极性和创造力展开各项工作，将工作的重点放在研究学生所关注的热点和焦点问题上，始终以学生的意愿和需求作为工作的指导原则，并以学生的满意度为工作成果的检验标准，让学生在制度允许的范围内充分展示自己的个性和才华。我们要积极构建学生成长成才的管理服务体系，从以强制性教育管理为主的工作格局转变成强化服务、引导和沟通的新格局，让我们的管理更注重服务和引导，由传统的"教育管理型"向"教育管理服务型"转变，牢固树立"以学生为本"的管理新理念，只有这样，我们的学生管理工作才能真正地取得成效。

3. 注重提高学生自我教育、自我管理的能力是重点

学生能够自觉地理解社会所要求的思想道德规范，并将其转化为内在的稳定行为能力，这就是自我教育能力。当代大学生有着强烈的参与意识，他们乐于对自己的生活和学习进行决策和掌控，因此，我们应该采取以学生为中心、以管理者为导向的服务型管理模式，有效地调动学生的主观能动性，激发他们的参与热情，并充分发挥他们在管理工作中的主体性作用。学生管理工作者应当从多个角

度引导学生，采用多样化的形式，鼓励学生参与管理，唤起他们强烈的责任感，同时将外部制度管理与学生内部自我教育有机地结合起来。总之，学生参与管理就是把学校与家庭、社会融为一体，为共同实现育人目标而努力。在此种管理模式下，学生被赋予了双重身份，既扮演着管理者的角色，又扮演着被管理者的角色；学生在学习知识的同时，也逐渐领悟到了做人的重要性，这进一步提升了他们的责任感和自我管理能力。

4. 建立一支稳定、优秀的学生管理工作队伍是保障

对于管理工作者而言，将制度化与人性化有机融合的管理模式视为一种高度复杂的任务，需要他们具备高超的技能和素养。要想使学校各项规章制度得到有效执行，就要充分发挥出每一名管理人员的作用。每位学生管理工作者的主观能动性发挥，直接决定了工作的品质和效率。因此，为了确保学生管理工作的高效性，必须建立一支优秀的辅导员和班主任团队，与此同时也可以从本校或社会上吸收一部分优秀的应届毕业生，以充实和提升学生管理工作的队伍。成功的管理离不开榜样的引领。学生的思想品德教育与心理发展规律密切相关，而榜样又能对大学生产生巨大的感染力量。作为一名管理者，要善于运用自身榜样的作用去影响学生，而管理者榜样作用的有效发挥，是需要建立在一定的基础上的，如良好的知识素养、道德素养、人格魅力等等，管理者只有具有这些优秀的素质，才能对学生产生积极的影响；要善于与人交流，建立和谐融洽的师生关系，让学生感受到温暖和信任，这样才能调动学生的积极性，增强班级凝聚力和战斗力。同时也要有耐心，多倾听学生的意见，注意及时了解学生心理变化情况，随时做好思想教育工作，提高学生自我管理的能力。在职场中，应时刻保持谦虚的态度，善于倾听学生的多元意见，以纠正工作中的偏差为己任。此外，还可采用多种形式，如聆听报告或演讲、实地考察或深造等，使其成为一个合格的高校教育管理工作者。

（五）网络时代高校学生管理工作的新机遇

1. 网络对大学生学习和生活的正面影响

（1）网络成为大学生获得知识和信息的有效途径

网络是巨大的资料库和信息服务中心。大学生可以在超越时空和经济的限制

下，以最快的速度获取学习资料，掌握更多超越课堂的知识，从信息中汲取营养，完善自身的知识结构。同时，网络又为学生提供角色实践的舞台，在这里可以大胆尝试，不断开拓。网络也为他们提供了一个广阔而自由的思想空间。因为网络的存在，年轻的大学生们可以在很大程度上接受来自各个方面的知识熏陶，从而成为象牙塔中的社会精英。作为一种教育工具，网络所蕴含的信息量巨大，传播速度迅猛，影响范围广泛，具有不可替代的教育价值。同时，也对大学生产生着深刻而广泛的影响。网络不仅为大学生提供了丰富的教育资源和多样化的学习途径，同时也为他们提供了一个广阔的学习和知识积累环境，有助于促进个性的发展。特别是在校园网和思想政治网的建立和发展过程中，为大学生提供了更加优越的学习条件。网络为管理工作者提供了更为真实的学生思想动态信息，从而提高了思想教育工作的针对性。

目前，我国仍然采用传统的灌输式教育方式，难以实现因材施教，但是通过访问各种教育和科研网站，可以填补这一方面的教育缺陷。网站提供了多种学习模式，包括英语四六级、考研、考T（TOEFL托福），以及数理化、历史、地理、医学、生物等各科目类别的学习指导网站，用户可以登录这些网站进行自学辅导、大考冲刺等学习。为了满足个人的成长需求，每位大学生都可以通过浏览不同的网页来为自己提供知识和技能。在这些网上资源中，有很多是大学教师平时教学过程中未使用过或没有机会使用的，如课程设置与教学内容安排、教材选用、教学方法、考试形式以及学生反馈信息等。

（2）网络扩大了大学生的人际交往范围，有助于建立良好的人际关系

据心理学家普遍认为，建立良好的人际互动关系是衡量个体心理健康水平的重要指标之一。人际关系既可以直接影响一个人的行为方式，又能通过心理效应对人们的身心健康产生间接或积极的促进作用。研究表明，个体的心理健康与其人际关系息息相关，因为人际关系的良好维护可以促进个体的心理健康水平。在探讨心理疾病成因和研究心理治疗技术时，不同学派的学者都高度重视人际关系的地位和作用，这一点毋庸置疑。在人本主义心理学家看来，人是自我同一性发展的产物，而人的心理活动总是以其特有的方式来表现出来。他们坚信，自我实现者的重要特质之一在于能够与他人建立融洽的人际互动。学者们倾向于从解决人际问题的角度出发，深入探讨人际关系与心理健康之间的相互关系。

在当代社会中，人际关系的冷漠已经成为一种越来越严重的社会病态。在现代都市生活之中，人们孤独地游荡，渴望一种快捷、便利、自由的社交方式。随着网络社交的普及，人们的社交领域得到了广泛的拓展。网络人际交流以其特有的优势改变了以往单向传播信息的状况，使人际交流更加便捷高效。在互联网时代，网络不仅提升人际交流的时效性、便捷性和准确性，有助于建立和发展良好的人际关系，同时对学生网民的心理健康产生积极的影响。网络交往给青少年提供了一个广阔的平台，使他们能够通过互联网与外界进行信息交流、情感沟通以及思想碰撞等活动，从而形成一种全新的交往形式。在网络社会中，人们能够跨越千山万水，超越地域空间的限制，将地球变成一个微小的聚落，真正实现"我们的朋友遍布全球"的美好愿景。这种虚拟交往使人际距离大大拉近，也为个体提供了一种全新的交流途径和方法。在不出门的情况下，人们可以在短短几秒钟内找到如多年挚友般的真挚情感，从而避免了彼此之间的虚伪、试探、戒备和情感道义责任。因此，网络人际交往是一种全新的人际互动形式。由于网络人际交往的匿名特性，学生网民间通常不会进行面对面的直接接触，这使得网络人际交往更容易超越传统人际交往的限制，如年龄、性别、身份等因素，从而建立更加和谐、民主、平等的人际关系。

电脑网络的普及不仅提升了社交的便利性和社交圈子的扩大，同时也为那些有特殊困难的人提供了一种解决社交问题的途径。对于一位面部烧伤严重的个体而言，由于面部形态的变化，可能会导致许多人望而却步或不敢靠近；一位行动不便的人可能会被局限于某一角落，无法融入他人的生活圈子之中；一个患有自闭症的孩子由于缺少交流而变得孤僻、孤独……这些都是因缺乏人际互动所导致的心理障碍。由于交通不便和职责限制，边防哨卡的士兵可能无法与外部世界进行有效的沟通，而电脑网络则为这些特殊人群提供了一个全新的人际交往平台。电脑网络不仅使人们摆脱了时空限制，而且还能够帮助人们更好地认识世界，了解社会，提高个人素质，从而获得新的生存方式，促进人类健康发展。此外，在社交恐惧症患者的系统脱敏治疗过程中，电脑网络可被视为一种初级训练工具，以提高治疗效果。电脑网络帮助人们克服心理障碍的主要途径之一，就是在日常生活中有意识地利用电脑这一媒介来加强人际互动。在建立人际交往信心之前，让他们通过电脑网络与他人进行无需直接面对面的接触和沟通，这是一种可行的方式，而随后则需要进行现实的人际交往训练。网络的最显著之处在于其互动性，它不仅是信息传递的媒介，同时也是互动媒介，实现了人际交流的畅通无阻。网上交友已成为当代大学生交往活动中不可缺少的一种方式。广大学子网民可以在丰富多彩的论坛、聊天室、虚拟社区、情感驿站等平台上畅所欲言，分享自己的见解和看法，展现自我风采，结交志同道合的朋友，分享彼此的经验，共同进步。

（3）网络为缓解和宣泄大学生个体的不良情绪提供了良好途径

在现代心理治疗理论中，强调了情感宣泄在维护和治疗心理健康方面的重要作用。宣泄是人类特有的一种心理现象，是个体对外界刺激产生情绪反应后的生理反应，它与我们的生活息息相关，甚至可以说与人们的生存密切相关。作为心理咨询和治疗者的重要职责之一，他们需要为那些被压抑的心理问题提供一条宣泄和释放的通道，以缓解其痛苦和困扰。然而，受传统观念和行为习惯的影响，许多中国人在面对各种烦恼和心理问题时，常常缺乏勇气或不习惯寻求心理医生的帮助，也不愿意向周围熟悉的人倾诉。这种普遍存在的"家丑不外扬"和"心病"现象所带来的心理障碍，显然不利于及时解决个体的心理问题，也会对个体的心理健康造成不利影响。随着互联网技术的发展，一种以网络作为载体来进行沟通的新型人际交流方式——"网络交往"应运而生。网络的匿名特性为学生和网民提供了一种新的情感释放和心理支持的渠道，从而帮助他们及时缓解不良情绪。

当前，网络上的心理健康网站主要包括由高校心理学系主办的站点或主页、网络心理医院站点或主页、由个人创办的专业心理网站或主页、心理学杂志社的站点或主页，以及其他网站的心理专栏等。其中以高校心理系主办的网站最为常见，也最具影响力。尽管这些心理学的专题网站或主页各有侧重，但它们均自觉肩负起推广心理健康知识、提供专业心理援助的使命。从网上可检索到的各种有关心理健康的信息有数百种之多。另外，还有一些专门针对青少年心理问题进行咨询的在线心理热线和咨询室。尽管这些网站或主页的内容因经验、人力和资金等多种因素的限制而显得不够充实，质量也参差不齐，但由于其方便快捷且具有较高的保密性，因此广受网民欢迎，在一定程度上对网民的心理健康指导产生了积极的影响。

2. 网络时代高校学生管理工作的新机遇

在网络时代大环境下，我国对教育主体提出了更高层次的要求，即要求他们具有更高的素质，从具体上来讲，也就是要求教师不仅具备扎实的思想水平和高度的政治觉悟，同时还必须掌握先进的网络管理技能和信息时代的思维方式，以适应现代教育的发展需要。教师应该积极学习计算机和网络技术，将网上研究与学生工作有机结合，成为在信息时代中学生的引导者和组织者。同时，教师还应该树立"教会选择"的意识，调整自己的角色，从以前的"教会顺从"转变为"教会选择"的指导者。

就教育客体而言。网络给学生带来丰富知识和学习资源的同时，也为学生开启了通往世界的沟通之门，扩展了学生的社交网络，但是如果过度依赖网络，选择匿名的间接交流方式，就会逃避直接的社交互动，对心理健康不利。网络给学生提供了表达自己思想的更大空间，但这种自由却往往导致了过度放纵和缺乏规范。网络可以让学生更好地了解多元文化，但也容易受到国际上强势文化的影响，从而对学生的世界观、人生观和价值观产生负面影响。网络互动拓展了学生的人际交往范围，增强了他们的互动主动性和互相帮助的意识。网络消除了语言、地域、身份、地位、社会制度、文化背景以及心理等方面的限制，扩大了人们之间的交流范围，从而有助于促进学生关注全球事务，推动他们在全球社会化进程中的发展。由于学生自我社会化程度不足、自我控制能力不足，也会导致一系列问题的发生。

就教育环境而言。网络的普及和发展，为人类文明的繁荣和世界文化的创新提供了强有力的支撑。在这种情况下，我们应该充分发挥网络的作用，为学校德育工作创造良好的条件。我国社会的正规教育面临着一个巨大的挑战，因为网络环境的变幻无常和难以掌控的趋势，因此必须加强青少年学生的媒介素养教育。网络的普及为青少年提供了一种全新的道德教育环境，青少年学生可以通过这种方式来获得丰富而真实的经验，同时也能促进其认知能力、情感体验等方面的全面发展。

就教育内容而言。在网络时代环境之中，无论是人的思维方式，还是人的交往方式，都发生了一定程度的变化，同时人们的价值取向也发生了一定的变化，形成了一些新的需求。然而，在这个全新的社会环境中，现实中的道德规范已经显得力不从心，因此我们需要构建一套全新的道德规范体系以适应这一变化。重塑道德内核是现实德育不可或缺的一部分。因此，在网络时代，学校的德育内容应当注重培养学生具备自我决策、自我约束的能力，以提高他们的综合素质。

就教育效果而言。网络作为一种交流媒介，有助于推动师生之间的互动，有助于提升德育的实际效果，同时也是教师了解学生思想状况，开展德育工作的重要途径。网络资源的丰富和信息的共享，为教育者提供了广阔的视野，进而提升了德育的品质。网络环境下开展德育工作是一个全新课题，具有许多独特优势。由于网络信息环境的开放性和难以监控等方面的特点，从而导致德育效果可能会受到负面影响。

首先，网络时代的来临有利于提高高校学生管理工作的针对性，为高校学生工作奠定良好的思想基础。在传统的高校学生管理工作模式中，学生处于一种接受知识的地位，不利于学生思维的发挥，创新精神被排斥或限制。而在网络环境下，网络文化的强烈开放性和全球化、数字化、虚拟化等特点，使学生可以自由、平等地体验网络文化带给人们的新境界。学生由传统的被动接受知识的"灌输"转化为主动参与思想交流、赞成什么、反对什么，均可以在网上袒露无遗。这使学生管理工作者能够获得真实的思想信息，为学生管理工作的研究及开展提供了契机。同时，学生工作者也可以在虚拟的网络世界里发布有益的信息，对大学生的思想进行积极引导，这对于提高教育的效果，也具有重要意义。

其次，网络的特点使高校学生管理工作更具亲和力和人情味。网络具有开放性和虚拟性，网络信息具有可选择性、平等性，在网络世界里没有权威，这使得学生管理工作更具亲和力、人情味，能够取得更好的教育效果。

再次，网络的发展为加强和改进高校学生管理工作提供了新的渠道和手段，使工作手段更加多样化，工作方式更具灵活性。在学生管理工作中，传统的思想教育形式是报告会、演讲、墙报、专刊、社会实践及各种寓教于乐的校园文化活动。而在网络时代，随着大学生上网普及率的提升，思想政治教育的方式和手段更加多样化，如网上讲座、BBS论坛、微博、电子信箱、网上交谈、热线服务等，这些都为高校的学生工作注入了新的活力，这些新方法受到了大学生的热烈欢迎。

我们要根据这些新的变化，因地制宜，因时制宜，加强高校学生管理在方法、手段等方面的改革与创新。学校要充分利用网络，开展丰富生动的形势与政策宣传教育，活跃学生课外生活和校园文化活动，弘扬主旋律，扶植正气。

（六）网络时代高校学生管理工作的新挑战

1. 网络对大学生成才的负面影响

同任何事物一样，互联网也是一把"双刃剑"，它对大学生的影响既有积极的一面，也有消极的一面。随着越来越多的大学生接触并深入网络空间，网络的负面影响日趋凸显。主要集中在以下几个方面。

首先，互联网对大学生的人生观、价值观和世界观的形成构成了潜在的威胁，这是不容忽视的。网络是一个无国界的世界，各种文化和思想在这里交汇融合，大学生的人生观和价值观尚未成熟，缺乏免疫力，因此，随着西方文化通过网络的传播，其价值观念已经开始悄然地影响着当今大学生的价值判断和理想信仰。对于那些热衷于接受新知识、新文化、新观念的大学生而言，网络文化将成为一个严峻的挑战。

其次，网络的负面影响对大学生的身心健康造成了严重的破坏。众人皆知，不间断地上网会导致心情低落、视力模糊、手颤眼花、身体疲惫、食欲不振、烦躁不安、血压升高、自律神经失调、睡眠障碍等不良反应。青少年的身体健康也会受到伤害，因为同时存在着有害的上网环境。更令人忧虑的是，网络还严重影响着大学生的心理健康。最典型的便是网络成瘾症，即"网瘾"。青少年学生上网成瘾现象已引起社会各界关注。他们日复一日地在虚拟世界中度过大部分时间，失去了自我控制，表现出逃避现实的心理倾向，逐渐倾向于在虚拟世界中逗留，与家人的关系出现了问题。这种现象称为"网络成瘾"。网络成瘾会造成一系列严重的社会后果，如抑郁、焦虑、自杀等。沉迷于网络会导致网络孤独症、人际信任危机以及各种交际冲突的发生，这些问题都与对网络的痴迷密切相关。网络孤独症也是网瘾的一个表现，其具体的发病机制还未完全明确。网络孤独症是青少年特有的一种心理障碍。由于个体过于专注于网络，将注意力和个人兴趣集中于此，不仅会对其心理健康造成负面影响，同时也会导致学习成绩的下降，甚至可能对其毕业产生负面影响。

在大学生网民的网络人际交往中，普遍存在着信任危机，这种危机可能会对他们的现实人际交往态度产生负面影响，从而导致人际关系出现障碍。网络交往中，虚拟社区如聊天室等以匿名或化名方式进行，这种方式并不能确保人们言论的真实性。由于虚拟网络空间存在大量的虚假信息，使人们在交流时容易产生虚假情感和行为，从而引发网络人际信任危机。

此外，大学生在网络生活中容易出现情感问题。网上最热门的话题就是网恋，网络让爱情发生的机会和频率都大大提高，也让失恋发生的机会和频率大大地提高了。正如网恋可以让人品尝到如现实恋爱同样的甜蜜一样，网恋后的失恋也同真实的失恋一样让人寝食难安。

最后，网络对大学生社会适应能力的消极影响。在网络环境下，由于大学生的社交对象和身份缺乏确定性，因此他们的社会角色获取能力受到了削弱；网络交往也使大学生受信息过载的影响，他们需要更多的理性思考才能解决现实生活中遇到的各种问题。由于网络交往所带来的虚拟性和自由性，人们的行为往往会受到普遍的失范和限制。此外，由于信息获取渠道多样化，也使一些大学生迷失自我，甚至走上违法犯罪道路。

大学生沉溺于网络，还会造成语言和沟通能力退化的恶果。我们都知道，语言作为思维和交际的载体，能够反映文化和心态的一些层面，不能不引起我们的重视，它的不科学的变形，势必影响到人们现实表达模式的倾斜。可见，大学生沉溺于网络的结果不单单是荒废了学业，而且使身心健康、社会交往能力都受到了严重影响。

2. 网络时代高校学生管理工作的新挑战

第一，网络文化对大学生的价值观产生了更为直接和激烈的冲击，导致他们的价值观更加多样化，选择合适的价值取向变得更加困难。现代大学生的自我评判能力和独立性有所提高，但他们的人生观和价值观尚未成熟，容易受到外界冲击，如果没有得到正确而有力的引导，就会影响他们形成正确的世界观、人生观和价值观。

第二，随着大学生自主、平等意识的不断加强，传统的社会调节机制已经失去了其有效性。在虚拟环境中，网民的交往角色呈现出一种平面化的模式，不再存在上下级、长晚辈、地位尊卑的垂直型关系，这种交往方式具有典型性。网络环境中的人际交往呈现出非同质、虚拟化等特点，使学生主体意识得到强化，从而引发一系列心理问题。在虚拟社会交往过程中，双方十分重视交往的平等性，久而久之就会对人的思想产生一定的影响，降低权威在人们心中的影响力，这也会在无形中影响人的价值观，削弱教育者在教学管理中的权威性。

第三，教育管理方式的单向灌输面临着前所未有的挑战。由于受应试教育的影响，人们对学生进行的思想品德教育往往注重于传授知识和技能，忽视了对人的心理引导及行为训练。在传统的思想政治教育中，教育者扮演着主导角色，他们有目的地、有计划地向受教育者灌输包含社会要求的政治观点、思想体系和道德规范等相关信息，而受教育者则在内外多种因素的综合作用下，结合自身的实际情况选择性地吸收教育者传授的信息，并在信息吸收之后内化为自己的个人意识，并将其体现在自身行为上。在这个过程中，教育者所采用的信息传递方式主要包括课堂演讲、座谈讨论、个别心灵交流以及主题活动等多种手段，而大众传媒，如报纸、广播、电视、电影等，则作为辅助手段。在这个教学过程中，教育者往往对教学内容进行精挑细选，以此来不断提升学生的思想道德素质。但是，近年来随着互联网信息技术的快速发展，传统的教学模式明显已经不再适用于当下的教学需求，所以传统教学模式的教学效果也呈逐渐降低的发展趋势。随着大学生逐渐习惯于网络这种双向、多向的沟通方式，所以他们为了实现自身的需求，对教育工作者提出了更高的要求，需要专业教育和思想政治教育以更加民主、自由和生动的方式进行内容和形式的教育。于是，高校思想政治教育工作者必须转变自己的角色，积极利用各种新技术来丰富思想政治教育的手段和方法。

第四，高校学生管理工作者的人格魅力正面临着前所未有的考验。部分学生管理工作者在面对网络冲击时，缺乏必要的心理准备和科学文化素养，这给他们的工作带来了一定的挑战。据数据显示，年轻教师在35岁以下时更倾向于使用互联网进行学习，而一些稍年长的教师则对网络缺乏兴趣。网络领域的知识和英语水平对于学生管理工作者而言，仍是一片未知之地，他们的知识储备和英语表达能力明显滞后于年轻的大学生。或许他们缺乏那些备受大学生推崇的科学文化素养、人格魅力和亲和力，这些方面可能会对他们产生负面影响。在这样一种情况下，就会使高校管理工作难以开展，甚至导致失败。对于高校学生管理工作者而言，教育效果的成败往往取决于其人格魅力和亲和力的高低。由于网络自身的特点以及高校师生上网人数众多等因素影响，导致了一些校园网络管理部门无法及时掌握网络中出现的各种信息并进行有效处理，甚至造成网络上不良现象不断滋生。通常情况下，学校的网络管理人员只能从事基本的网络维护工作，而对于网络传播的内容则无法进行有效的管理，同时也无法及时发现和解决网上出现的问题，因此他们很少参与到网络教育中来。

第三节　新时期高校学生管理工作的探索与创新

一、高校学生管理工作的方法

（一）以人为本，发挥大学生在学生管理中的重要作用

关注学生的需求，采用多种方法激发他们的热情，使他们在心理上接受管理，情感上认可管理，行动上与管理配合，从被动接受甚至抵触管理转变为积极主动地参与到管理。一个班级集体要想拥有良好的形象和团结力，必须有一个强大的领导核心，而这个核心通常就是辅导员的得力助手。这一点已经被实践所证明。因此，需要重视班级领导力的发展，定期召开班级领导会议，制订班级领导工作计划。让学生在管理中充分发挥主体作用，组织他们了解学生管理工作的日常，参与制订或修改关于学生管理或学风建设方面的重要文件或规定，从而让"被要求"变成"主动要求"的自觉行为。

（二）实施管理的过程中，把握方法和尺度

现代大学生的自我认知和自我价值感极为强烈，这使得学校在管理方面必须具备更高的标准和更高的要求。因此，高校辅导员要加强对高校学生管理工作的重视程度，提高工作水平。在学生管理的过程中，不断提升自身的管理水平和业务技能，以达到更高层次的管理水平和业务素养。对学生进行科学有效的管理是非常必要的。为了激发和调动学生的主观能动性，管理者应该积极主动地创造条件，并根据学生的思想状况特点，因材施教，有针对性地培养学生的知、情、意、信、行，以促进其均衡发展。

(三)注重实效,情理交融

在学生的日常管理中,情感和理性一直是紧密相连的,因此辅导员必须深刻认识到情感和理性之间的辩证关系,并在管理过程中不断运用情感和理性的力量,以达到更好的管理效果。即便道理很精妙,若不掺杂一丝真挚情感的教诲,也难以被学生真正领悟。

二、高校学生管理工作的紧迫性和必要性

(一)严抓高校学生管理工作是落实大学生思想政治工作最基本的要务

随着高校扩招和规模扩大,大学生管理者面临的一项重大挑战是如何有效管理学生。在高校学生管理中,由于种种原因造成了一些问题和矛盾,影响了正常教学任务的完成及学校稳定发展。由于高校管理的无序、思想政治工作的松懈以及心理健康教育的薄弱,导致校园内出现了一些恶性案件,如自杀和他杀等,因此加强对大学生的日常管理已成为当务之急。

(二)加强高校学生管理工作是育人工作的有机组成部分,是实施未来工程的重要保证

为了跟上社会发展的步伐并培养符合国家需求的人才,高等教育机构必须以此为目标,制订全面的工作计划和人才培养方案。加强和改进大学生管理是确保学生成长成才的重要保障,因为它能够为他们提供必要的支持和指导,以促进他们在未来的职业生涯中获得成功。从某种意义上来讲,大学生管理工作的开展具有十分重要的意义,它可以为学生营造良好的学习环境,使其可以全身心地投入学习之中,从而掌握更加丰富、专业的基础知识,进而为国家社会的发展做出应有的贡献。

(三)加强高校学生管理工作是对大学生综合素质培养的必要条件

除了专业素养的培养,大学生还需要应对生活中的各种挑战,包括但不限于纪律约束、课外活动、社会实践以及调查研究等方面。因此,加强和改进高校学生管理工作已是高校面临的一项重要而紧迫的课题。在高校学生工作管理干部的

职责范围内，指导学生的日常生活、协助解决问题、规范行为已成为一项不可或缺的使命。

三、高校学生管理工作的探索与创新

（一）解放思想，改变观念，打造以"学生为本"的科学管理机制

高校日常管理的目的是引导学生成长，而非仅仅控制他们的行为。如果只是机械地遵循规章制度去规范学生，那将失去教育的真正意义。在管理中，必须贯彻"以生为本"的理念，顺应学生内心需求，帮助和引导学生建立正确的需求层次和结构，促使学生将学校工作的目标和个人成长成才的目标相结合，创造各种可能的条件，全力满足每一名学生在学业和职业规划方面的需求，以培养优秀毕业生为最终目标。

（二）建章立制，科学管理，有的放矢进行学生教育管理工作

高校必须制订适用于学生日常行为规范、班级管理和学风建设等方面的方案或规章，以明确告知学生哪些行为是可接受的，哪些是不可接受的，以及违反规定可能导致的后果，以此有效提升学生管理效果。只有通过建立和健全学生管理制度，才能营造一个良好的学习和生活环境，培养出能够适应时代发展需要的高素质人才。

（三）适应形势，提升能力，培养高素质学生管理队伍

充分了解学生管理团队建设的重要性，根据"坚定政治立场、合理组织结构、业务精湛、稳步发展"的总体要求，采取实际可行的措施，全面加强学生管理队伍的建设。

第一，为了激发学生管理者的热情和积极性，必须明确他们的具体职责，并建立相应的考核奖惩机制，同时关注他们的生活，给予他们关爱。

第二，为了营造一种无私奉献的良好工作氛围，我们需要制订相应的倾向性政策，以激发学生管理者对工作的热爱和投入。

随着科技的不断进步和广泛应用，新兴媒体已经成为人们日常生活中不可或缺的重要组成部分。新媒体是以计算机为核心的新型信息传播方式，具有传播速

度快、互动性强等优势，能够满足大学生个性化需求，有利于加强高校学生管理工作效果。在新媒体时代的背景下，高校在开展学生管理相关工作时，需要深入思考如何创新管理模式和工作方法，以适应与传统媒体形式截然不同的挑战。因此，为更好地提升高校学生管理工作水平，应加强与互联网信息技术的结合，从而使之能够更加有效地为大学生服务。为了提高学生管理效率，高校从事学生管理工作的人员必须深入了解新媒体技术，并将其巧妙地融入管理工作中，不断完善管理制度，对管理工作进行优化，建立完善的学生管理体系。

第五章 新时期高校教学管理

本章主要介绍了新时期高校教学管理,其中第一节的主要内容为高校教学管理的现状与管理策略,第二节主要对教育信息化背景下高校教学管理机制的构建进行了概述,第三节的内容是新时期高校教学管理模式创新研究。

第一节 高校教学管理的现状与管理策略

一、高校教学管理的认知

(一)教学管理的目标

教学管理的职能和使命在于根据设定的教育目标,依据一定的管理原则、流程和技巧,协调组织教学过程中的人力、物力、财力、时间和信息等各方面资源,建立稳定、有序的教学秩序,确保教学过程的顺畅,实现教学过程的协调、高效和最优化,以确保教育任务的完成,培养具备全面素质的合格人才。教学管理的核心在于创造和维持一个优质的教育环境,确保教师和学生在实现预设教学目标的过程中高效率地发挥作用。

1.教学管理是高校管理工作的中心

高校的管理工作,应当以教学管理工作为中心。教学管理直接服务于教学和人才培养工作,在高校管理中处于极其重要而突出的地位,这都是由高等教育的功能和性质决定的。

2. 教学管理要不断创新、与时俱进

高等教育的根本任务是培养具有创新精神和实践能力的高级专门人才。因此，教学管理工作必须适应培养创新人才和素质教育的要求，大力推进教学管理创新。这使得不断增强现代管理意识，更新教学管理理念，转变教学管理思想，改进教学管理方法和手段显得尤为迫切。

3. 教学管理是一项系统工程

在高校这个复杂的多层次、多因素系统中，教学管理的本质是针对教学子系统进行研究和管理，充分利用学校各种教育资源，科学地规划教学过程，实现最佳教育资源的配置，从而实现教学工作的最佳效果。只有建立在有效的组织基础之上，才能实现有效的管理。为了充分发挥教学管理组织的功能，必须对管理体制和组织结构进行合理的优化，以确保其有效性。一方面，应该建立起一个科学、完整的教学管理系统，形成全面的教学质量管理体系和运行机制；另一方面，要建立起高效、灵活、并能创造性工作的教学管理系统，必须要加强教学管理队伍建设，建成一支专兼结合、素质较高、相对稳定的教学管理干部队伍，形成教学管理的核心力量。

4. 教学管理是一门科学

教学管理科学，是在教育科学、管理科学、系统科学及其他有关学科基础上形成的理论和方法体系。教学管理并不仅仅是一般的行政管理，而是兼有学术管理和行政管理双重功能的一门学科，是一门需要长期学习和实践才能掌握的学问，其双重功能主要体现在三个方面：优化教学资源配置，提高教学效率和效益；建立稳定的教学秩序，保证教学工作的稳定正常运行；研究并组织实施教学改革，努力调动师生教与学的积极性。

（二）高校教学管理的现状

1. 高度的统一性

教育事业和教育体制的弊端，突出体现在政府有关部门对高校的统一管理上，学校缺乏应有的活力。这种情况造成了我国高校教学管理的统一性与单一性。从统一招生开始，统一的培养目标、统一的教学大纲、统一的课程体系、统一的教

学进度、统一的评定标准和统一的毕业证书，形成了我国高校教学管理的统一模式。这种模式强化了教学管理的规范性，保证了教学的基本质量，但影响了教学管理的灵活性与活力，一定程度上也使教学管理丧失了个性和创造力。

2. 相对的封闭性

主要体现在以下几点。

（1）学生的招生和分配限于学校和政府的封闭圈。

（2）高校的专业设置审批程序是封闭的。

（3）高校之间的各种学制与体系是封闭的，学生的转学、转系十分困难。

（4）学生的专业较早限于高考时的选择。

（5）高校是"小而全"的封闭体系型的"小社会"。

封闭的教学管理使高校无法及时实现与社会之间的良好沟通与联系，从而影响其拓展生存与发展的空间。因此，强调教学管理的多样性和开放性，显得十分必要。

在教学管理机构方面，与教学管理相联系的许多工作，分别由多个部门多头管理。因此，部门与教学管理部门相互协调的问题就显得较为重要。即使在教学管理部门内部，也是教务、教材、学籍、教学研究、实践教学等部门林立，机构细分，这使教学管理工作严重缺乏系统性和有效性。

（三）高校教学管理的系统

高校教学管理系统是指高校遵循教学规律，在一定的教学理念的指导下，运用特定的管理理论和方法，借助技术平台的支持，对学校接收到的外界投入、信息、教学资源等进行优化配置，再经过组织有效的教学活动，将各种资源转化成教学产出，进而影响外部环境的系统。

其中，外界投入包括教育经费、硬软件设施、教师和学生，还有社会或个人对高校教育的要求，即外界需要高校培养什么样的学生，其中又包括学问造诣、综合素质和专业素养等方面的期待。教学产出包括合格人才和目标协调两方面：合格的人才指的是高校要为社会发展培养德、智、体、美、劳全面发展的综合性人才，要满足社区服务、企业或单位对人才的需求；目标协调指的是社会、组织、企业或单位等对人才的需求是多元化的，甚至相互矛盾的，因此需要教学管理者高瞻远瞩，科学地确定培养目标，协调各方的利益和矛盾，果断舍弃不适合教学良性发展的投入，不断为高校管理和教育教学注入新的活力。

二、高校教学计划的管理策略

高校培养专业人才和组织教学的基础是，教学计划的总体设计和实施方案。教学计划不仅是学校组织和管理教学过程的主要依据，更是实现高校人才培养目标和基本规格要求的重要蓝图，同时也是教育、教学质量监控与评价的基础性文件。

学校管理者制订教学计划，以实现预设的教学目标。该计划根据国家规定的各年级学科设置学校工作进度，并安排课程。同时，指导、控制、总结和评价教学实践及其成果，确保培养出符合标准的人才。高校教学管理的核心在于教学计划管理，只有通过科学的教学计划管理，才能确保教学管理工作的目标、过程和效果与学校管理的总体目标相一致，并协调教学管理系统内各层次的目标、任务和行为，从而提高教学管理效率。

（一）教学计划的构成要素

高等教育机构的授课计划是根据所学专业的特点和需求制订的。这些要素之间既相互依存又相互影响，共同构成了人才培养方案的整体结构。以下是四个元素的内在含义以及它们之间的相互作用。

1. 专业培养目标

教学计划的制订必须建立在充分考虑专业培养目标的基础上。课程设置和教学内容的取舍，以及对学生的具体要求和教学环节的安排，均由其所决定。

2. 课程设置

教学计划的核心在于课程设置。教学计划通常包含四类课程，分别是涵盖广泛知识领域的公共课、打牢学科基础的基础课和专业基础课、深入学科研究的专业课以及提供个性化学习的选修课。课程设置是实现培养目标的重要手段，也是展现培养规格的重要途径。

3. 教育教学环节

教育教学环节是指在教育、教学过程中的各种不同形式的活动，而这些活动形式则是指在教育、教学全过程中不同的活动方式。教学过程可以分为正式教学和非正式教学两个部分。教学过程中所采用的各种教学方法和手段，如讲授、演示、讨论、实践、考试和设计等，都构成了课程性教学环节。非课程性教学环节是为教育训练所设计的各种活动形式，其中包括入学教育、军事训练、公益劳动、科学研究、实践实习和社会调查等。

4. 学时安排和学分分配

学生在各个主要的教育、教学环节中所需投入的时间和精力，以及课时分配、教师工作量安排等计算的依据，都可以在学时安排中得到体现。

（二）教学计划制订的原则

1. 发挥教学计划的特色

为了确保专业的生命力和在激烈的竞争中保持优势，我们必须注重塑造本校独特的培养特色和教学计划，使其具有独特的魅力。

（1）彰显独特之处，体现在培养目标的制订和实施上。根据本校的历史和传统分析本校的优势，以确定本校的培养目标，并根据发挥优势的原则明确培养方向。

（2）彰显独特之处，彰显于课程体系之中。结合专业特点和社会需要，建立有针对性的课程内容体系。延续并推进现有的卓越课程，以不断提升其质量和影响力；建立以学生为主体的新型教学模式，促进教师专业成长和提高教学质量。为那些具备潜在实力的课程提供支持，以促进其进一步发展成为卓越的教育课程；在优化卓越课程建设的基础上，对课程结构进行调整，以凸显其独特之处，从而构建出独具特色的课程框架。

2. 以学生为本

以学生为核心，教学计划应以满足学生需求为主要目标，以提高学生的自主学习能力、拓展学生的思维视野为主要手段，为学生的全面发展创造更加有利的条件和环境。

（1）在设计培养目标时，需要遵循全面素质教育的理念，平衡专业化与全面发展之间的矛盾。实现学生在道德、智力、身体等各方面的全面发展，以及身体、心理、情感、理智等各要素的平衡发展，实现智力因素和非智力因素的协调发展，这是总的目标和要求。

（2）在制订课程设置时，应当遵循全面发展方针和培养目标，同时考虑学科的性质和专业特点，根据学校和专业的不同情况进行个性化设计，以便培养出具有时代特征、学校特色和专业特色的知识能力结构。学生的知识能力结构是决定不同课程比例最佳的基础，必须保持共性和个性的有机融合。

（3）在安排教学进度时，必须将统一性和灵活性有机地融合在一起，以达到最佳的教学效果。充分考虑学生的成长规律和教育教学的一般规律，同时又要保持教学进度的灵活性，以便为学生的个性化学业规划提供必要的条件。

（4）学时安排和学分分配要根据培养目的以及课程体系和教学环节的特点来确定。

3. 强化学生能力

为了满足高校培养高级专门人才的需求，必须注重培养学生的实践能力和创新思维。高等学校应根据社会需求调整专业设置和教学内容，注重实践教学环节，改革教学方法与手段，突出素质教育。

首先，要求学生掌握本专业的基本理论和知识，以及与其相关的其他专业知识，具备从事实际工作和研究工作的能力，同时也具备适应相邻专业业务工作的能力。学生应该具备独立获取知识、提出问题、分析问题和解决问题的基本能力和创新能力，同时也应该具备良好的思想道德素质、文化素质、专业素质和身体心理素质。这是对学生的基本要求。

其次，制订一个有助于学生培养基本知识、基本能力和基本素质的课程框架，特别是要注重加强实践教学的环节。实践教学环节是教学中容易被忽略的环节，但是我们应该在教学计划中有针对性地加强，以便学生能够通过学习建立适应终身学习和社会发展变化的知识、技能和综合素质结构。

4. 完善教学计划的结构

第一，协调课程设置和培养目标，以确保二者的无缝衔接。培养目标决定着课程设置，而课程设置又制约着培养目标的实现。教学计划的核心内容在于课程设置，它直接决定了培养目标的达成程度。因此，课程设置应当以培养目标为中心，围绕其展开，以确保培养目标的实现。为确保专业高级专门人才的培养目标得以实现，我们将严格按照教育部的相关规定设置专业课程，并围绕这些课程设置专业基础课和专业选修课，以形成一个相互协调的课程体系，其中专业基础课、专业课和专业选修课将成为我们的红线。

第二，应当注重将理论教学与实践教学相互融合，以达到更好的教学效果。培养目标的实现离不开理论教学和实践教学这两个重要因素。我们需要调整教学重心，加强实践教学，增加社会实践和调查的学时和学分，并将其分布在各个学年，以实现理论教学和实践教学的有机结合，丰富教学形式，推动教学质量的提升。

第三，优化课程设置，恰当安排专业基础课、专业课和选修课，打造更完备的课程体系。教学计划的重要组成部分是课程体系，它主要包括专业基础课、专业课和专业选修课，这些课程之间有着紧密的联系和相互影响。我们必须始终坚持以专业课为核心，加强专业基础课程的教学，同时开设专业选修课程，以激发学生个性的发展。在教育规律和学生成长的规律下，我们要分阶段、分步骤地设置各种课程，确保各类课程之间相互协调，各门课程前后衔接，形成一个完整的课程体系。

第四，正确地安排课程设置和学时分配，合理分配学习时间，是非常重要的。以学生的主动性和创造性为核心，以提高教学质量和办学效益为目标，合理规划教学时间分配，确保课内与课外学时比例合理，必修与选修课学时比例适宜，理论教学与实践环节学时比例协调。

三、高校教学运行过程的管理策略

教学计划的有序实施和有效管理的前提，是对教学活动的全面管理和优化。在我国高等院校中，教学管理属于学校内部管理系统的一部分。为确保教学活动的有效进行和不断提高，全校师生应紧密协作，严格遵守教学计划和各项制度，以保证教学质量的不断提高。教学运行管理体系由一系列相互联系而又相对独立的要素构成。教学过程的组织管理主要以教师主导，学生为主体，师生互动构成，而教学行政管理则以高校和院（系）教学行政管理部门为主体。

（一）教学过程管理的原则与作用

教学过程是由多个环节构成的有机整体，这些环节包括课堂讲授、习题课、课堂讨论、实验课、课程设计、教学实习和生产实习、学年论文、考试或考察、毕业设计和毕业论文以及生产劳动、科研训练等，它们之间相互依存、相互促进，形成了一个有序的教学系统。教学过程管理是指在教学目标、特点和规律的基础上，教学管理者根据教学原则，运用适合教学实际的管理手段来实现教学管理的有效性。

1. 教学过程管理的基本原则

教学管理的基本要求是根据教学管理的目标和任务，遵循教学管理的规律而制订的，以指导教学过程管理的一般原则为基础。

首先，教学是我们最优先考虑的。教学管理者应当根据党的教育方针的要求，以教学计划、教学大纲和教科书为基础，将教学工作置于首要位置，全力以赴地管理好教学工作，不断提高教学质量。

其次，以教师为中心的原则是我们所依赖的。在教育过程中，教师是主要因素之一。学府的职责在于传授学识，孕育英才。为了履行这一职责，唯有教师承担着教学任务，这是不可或缺的教学手段。简言之，没有教师就等于没有学校；没有高水平的教师，就没有高水平的教学质量。

最后，全面发展的原则。在整个教学活动中，教师起着主导作用，而作为管理者，则起着协调作用，因此要把这两者统一起来。全面发展德、智、体，不仅是社会主义建设人才必备的素质，更是教学管理的终极目标。要达到这一目标，就需要教师在课堂上不断地创设情境，调动一切积极因素，把教与学有机结合起来。为了实现教育、教学和发展三位一体的教学目标，我们需要实施教学过程管理，以确保每一节课都能够达到最佳的教学效果。优秀的课堂教学应当激发学生的思维潜能，提升他们的知识水平和能力水平。

2. 教学过程管理的主要作用

加强对教学过程的管理，是全面提升教学品质的重要策略。要提高教学质量，就必须强化教学管理，建立有效的质量监控机制，使之制度化、规范化和科学化，以保证教育目标的顺利实现。为确保教学过程管理的有效性，必须进行三个方面的转型。

首先，实现从以生产为主导的管理模式向以经营为主导的管理模式的转变。

生产型管理模式在教学过程中的应用,反映出应试教育的倾向,对学生的身心健康和全面素质提高产生了不良影响。实现全面提高教学质量的目标,需要采用全方位、全过程的经营型管理,以满足素质教育的要求。

其次,实现从单一的私塾式管理模式向更加开放的管理模式的转型。私塾教育是以口授为主的一种传统教学形式。开放式管理则注重学习与社会生活相结合,提倡自由探索、自主研究,鼓励学生在宽松和谐的氛围中进行主动探究,从而激发创造性思维,提高创新能力。开放式管理有助于贯彻"三位一体"的理念,有助于全面提升学生的综合素养。

最后,从以物为中心的管理模式转向以教师为中心的管理模式,是一种重大的转变。传统教学管理过于物质化,过分关注设备的作用而忽视了人的重要性。人的活力是生产力的主要来源,同时也是管理活动中最有潜力的因素,只有充分发挥人的能动性,才能实现管理绩效的最大化,因此人才是管理的核心。教师是教学过程管理的核心,重点在于满足他们的需求,以此来激发他们的工作热情。

总而言之,教学过程管理是提升学校教学水平不可或缺的一环,由于管理内容繁杂,涉及面广,因此如何将各个环节进行系统分类,形成完整的管理体系,以保证教学过程的高效、高质量运转,对提高学校教学质量具有实际意义。

(二)教学行政管理的基本内容

教学行政管理是保证整个学校教育教学活动顺利进行的基本条件。在宏观层面上,学校计划的主要制订者之一即为教务部门,其职责在于拟定学校最为重要的教学计划以及与教学工作相关的规章制度;同时还要研究学生、教师以及其他人员的心理状态,为制订具体方案提供依据。在微观层面上,对教学计划、教学大纲的实施和完成情况进行组织检查和监督;对学校的教学活动进行全面规划,以确保教学质量的高标准,并对教学和学习过程的各个环节提出规范化要求。另外,教务部门还承担着教师培训,教材、讲义的编写、审查、补充及印刷,制订开课计划、编班、编课、负责师生的考勤、考核以及招生、学生的学籍管理等。

教学行政管理即我们通常所说的教务管理,是在实施教学计划过程中进行的常规管理，其主要承担了教学计划落实的任务，还包括合理调配教材、配备教师等资源，匹配到各年级、专业的必修课和选修课，而后组织科学、有效的教学秩序以确保教学活动的顺利实施。教务管理工作具体可分为运行管理、例行管理和档案管理三大部分。

1. 常规的教学行政管理

校历的编制是首先需要做好的工作，其次是制订开课和结课计划，还有课程表的编排、教学任务落实到人和监督实施等工作。

2. 阶段性的教学管理

主要包括学生学习与教学实施的管理工作。学生学习的管理工作包括从各专业的招生计划确定到录取、报到等，学生入学后的编班、印发学生管理手册、必修课和选修课的安排、组织阶段性的考试、监考和补考等工作；教学实施的管理工作则有课程总表的编订、监督落实各学期或年度教学计划、检查教学活动、监督教学质量、组织教学观摩活动、组织教研活动、评选并表彰教学能手和教学骨干等。

3. 教学档案的管理

档案管理是行政管理的重要内容，是优质教学质量的重要保障，这项工作具体包含教学资料的管理、教务统计、学生的学籍管理等。具体来讲，教学资料的管理是指高校将有关教学质量、教改举措和成效、教研和教学等方面的资料归类整理，为今后的教学决策或教学研究提供第一手资料；教务统计包括对各院系、专业、班级的招生情况的统计、对学校生源情况的分析、对在校学生人数的统计、对学生在校成绩的统计、对各种教学报表的统计和分析等；学生的学籍管理是指对要进入本校学习的学生进行入学资格验证、在校奖惩情况登记、学分修习管理、毕业资格审定等。其主要工作内容包括：入学资格复查、注册、升留级、转学、转专业、跳级、休学、退学、复学、考勤、奖惩和学业成绩管理等。

四、高校教学质量的管理策略

教学质量管理中的教学质量，是指教学过程及其效果所具有的、能用以鉴别其是否符合规定要求的一切特性和特征的总和，是学校一切工作的首要目标。教学质量管理是通过管好影响教学质量的全部教学因素和过程,从整体上达到专业培养目标,控制教学秩序和教学质量,并对不合格现象和高低分差等偏离目标的现象进行控制,最终实现全面的、宏观的教学质量控制。

(一)教学质量管理的基本内容

教学质量事关高校的兴衰成败,高校要在日常管理中特别重视与教学质量直接有关的因素,如教学质量设计、教学的进程调控、教学改进等。教学质量设计指的是高校为了确保某个特定的教学目标,对教学环节设置、作业布置等进行调整;教学进程调控是指将实际教学质量与目标教学质量对比后,对没有达标的教学环节进行调节管理;教学改进指的是根据既定的标准对现行教学进行调控,使其最终达到所要求水平的过程。

对教学质量的设计要建立在明确的教学质量目标和标准的前提下,要首先从目标和标准两个维度对教学质量进行设计,具体要做好两个方面的工作:一是,明确教学质量目标和评价标准,即用哪些标准对教学质量进行衡量,达到哪些目标就是高质量等,这建立在对制约教学质量的因素的全面考虑之上;二是,制订教学计划操作指南或实施细则,即为了达到提高教学质量的目标,要进行哪些操作程序,如何进行管理,如何组织和推进活动等。

教学质量管控以消除教学质量差异、尽可能达到质量标准为目标,具体可以从以下四个步骤着手去实施:确定控制对象;根据控制对象的特征选择衡量的方法或手段,并实施测量;对测量结果进行分析,并对比与标准之间的差异;就现存差异提出有针对性的措施和实施细则。以上四步中,确定质量控制对象和测量过程是教学质量得以管控的关键性抓手,分析质量差异和寻找差异原因是提高教学质量的关键环节,提高教学质量是最终目标。

教学的改进是针对教学中存在的问题采取措施,以求从根本上改变现状、提高教学质量。但是,教学质量的改进不是一蹴而就的,而是要一步步实施,具体有以下步骤。

(1)通过对数据资料和质量信息进行搜集、分析和论证,得出结论。教学质量问题在很大程度上限制了教学质量的提升,因此高校领导应给予足够的重视。要使领导者下决心进行教学质量改进,还必须进行质量成本核算。

（2）分析教学质量故障涉及的众多因素的主次，根据"关键的少数和次要的多数"原理，从中找出关键因素，确定攻关目标。当选好的质量突破口不止一个时，还必须确定突破口的先后顺序。

（3）成立不同职能的组织，包括指导性和诊断性两类组织。其中指导性组织主要负责教学质量的提高指引工作，即发现可以突破的方向、找到关键性问题，破解导致教学质量不佳的症结，协调教学改进中遇到的阻力和瓶颈，掌控教改的进程和成效、调配各方资源，确定改进方案、实施措施并监督实施等。诊断性组织的主要任务是收集并分析教学质量，验证出现质量问题的缘由，提出教学质量改进的方案等。与指导性组织不同的是，诊断性组织的成员一般要有足够的时间进行长时期的调查研究，并具有丰富的教学经验和教学质量诊断技能，以及分析问题比较客观的能力。

（4）加强对教学质量的认知和重视。它包括认识质量、执行质量和监督质量三个方面。教学质量意识是人们对教学质量要求的准确理解和评估，以及通过经济合理的方式探索和实践以实现教学质量的目标；全体教师和教学管理人员应当自觉地履行教学质量管理工作的职责，以确保教学质量的持续提升。

（5）实施措施以纠正教学质量问题，并将其付诸实践。在实施改进措施的过程中，不可避免地会遇到阻力。要想克服阻力，教学质量改进的建议要精炼，措施要具体；要多做各个方面有影响力的人的工作；要尊重别人，听取别人的意见；要设身处地地考虑质量改进措施的可行性和前景。

（二）构建教学质量的监控系统

教学质量监控系统由教学管理系统、教学监督系统和教学评价系统组成。其中教学管理和教学监督是保证教学质量的两个重要环节。这三个元素既彼此独立，又相互交织，形成了一种错综复杂的关联网络。

1. 构建教学的管理系统

完善的高校教学管理系统是高校教学活动正常运转、教学质量提高的基本保障，在高校中，这项职能一般由教务处承担，其日常工作职责包括确定管理目标、编写管理制度、监督规章制度实施、评估教学活动等。具体而言，高校的教务处需要完成以下工作：确定人才培养模式和计划、制订教学管理制度、论证教学建设项目的可行性、管理重大的教研教学项目、把关全校各院系教学活动、实施教学质量的监控、参与课程建设、监督具体的教学工作、宏观管理各院系的教学工作等。

当然，除了学校教务处，各院系要以学科专业为单位，主动承担起落实教学任务的责任，对教学单位内部的科研项目要严格把关，积极处理日常行政事务等。各院系要根据本教学部的特色，在遵守学校规章制度的前提下，制订一套科学而系统的规划方案和实施细则，以监控教学过程的运行、评估教学质量，并对教学进行微观管理，以确保本院系的专业方向、课程设置和人才培养设置得到有效实施。

2. 构建教学的监督系统

首先，教学督导制度应该是学校管理中不可或缺的一部分，它能够有效提高教学质量，确保教学过程的公正性和规范性。监督教学过程，评估教学效果，是教学督导的职责所在。教学督导的内容范围包括专业建设、教学计划、教学基本要求、理论教学以及实践等相关环节。督导人员通过多种方式深入教学一线，包括听课、组织学生座谈会、与教师进行谈心交流、参加教研活动等，以便全面了解教学过程并进行督导。

其次，规定了必须到场聆听授课的制度。建设中心听课小组，制订领导干部、督导人员、同行教师的听课计划和管理规定。各级党政干部深入教学现场，与师生面对面交流，积极掌握教学实况，及时解决教学中的难题。确保教学管理工作具有针对性和有效性，避免教学一线与管理层之间的脱节。推动教师不断改进教学策略、更新教学资源、提高教学水平。

再次，"信息员制度"是指在某些组织或机构中，设立一定数量的信息员，负责收集、整理和传递信息的一种管理制度。建立一个学生信息员制度，通过信息员及时向教学管理部门反映全校教学秩序、教师课堂教学、教学方法、教材使用、教学条件、考试考查等问题，以便教学管理部门能够及时采取有效措施加以解决。学院引入信息员制度，以便更好地了解学生的需求和实际情况，从而更加贴近学生、贴近实际，提高管理和教学水平。

最后，关于教学检查制度的内容。制订一套完备的教学检查制度，分别针对学期前、学期中、学期末三个阶段，每次检查均有详细的要求。必须按照规定的程序和顺序全面地进行检查，并在此基础上开展教学检查总结和分析，提出有针对性的解决方案和整改措施，并认真贯彻落实。建立一个完备的监控机制，以便及时发现和解决教学过程中存在的问题，确保教学工作各环节的良性循环。

3. 构建教学的评价系统

教学评价是为了提高教学质量、提升办学水平而设置的，具体包括教学教务人员的工作职责与规范的制订、教学活动和实践基地评价体系的建立、课程建设与评估标准确立、教学质量的监控等。教学评价系统主要包括以下三个层面的工作。

首先，对于教师的授课工作，需要进行全面的评估。学生、同行、部门、自我四个方面构成了对教师的评价，其中教师的自我评价作为参考项，不计入教师最终的评价结果，前三个方面的评价比例为4∶3.5∶2.5。第二，教师课堂教学质量评价。值得特别关注的是，上述评估比例是基于特定的度量标准和方案而制订的，旨在为教师的实际教学工作提供实质性的指导价值。以学年为单位，对教师的教学质量进行评估，这是教师考核和职称晋升的至关重要的依据。

其次，各教研室工作评估。教研室的评价一般以学年为单位，按照学校制订的评价标准进行，具体包括组织管理、教学过程管理、教学体系建设、教研与教改四部分。具体操作程序是：各教研室首先将本室的评价方案和安排报备给教务处，然后根据相关评价标准对学年工作进行自查，并以报告的形式呈现，再请院系对各教研室的评价进行汇总和分析，最后由各院系提出整改方案报送教务处。教务处正是以这种自下而上的评价形式，完成对基层教学单位的工作管理和监督。

最后，对院系教学工作进行评价。作为学校教学管理的基本单元，院系承担着组织教学、实施教学管理的重要职责，其教学工作则是学校教学工作开展的基石所在。为了确保高校的教学质量，对各院系的工作进行评估时，采用了年度考核和周期水平考核两个层次的标准。其中，周期水平考核指的是对院系教学工作中时效性强的工作及时考核、及时管控、及时落实；年度考核指的是对院系办学理念、办学思路、办学目标、日常教务管理、教研和教改、教学质量管控等进行宏观、全面的评估。

第二节　教育信息化背景下高校教学管理机制的构建

一、高校教学管理信息化的发展趋势

（一）高校教学管理信息化的特点

（1）数字化的特性。在教学过程中，能够实现师生互动交流，实时监控教学进度以及进行成绩分析等功能，提高了管理效率。通过优化教学管理，提升教学质量和效率，有效激发学生思维，为教师的教学管理提供科学可靠的依据。

（2）多媒体化特点。在当今社会，信息的广泛传播已经成为推动整个社会快速发展的重要因素，尤其是在多媒化的背景下，这种影响更加显著。因此，教育技术现代化与教学管理信息化相结合就成为一种趋势。信息技术的进步离不开知识的广泛传播和有效应用，这是信息化发展的必由之路。多媒体教学手段以其直观形象、交互性强以及信息量大等优点成为现代教育技术的一个新方向。多媒体教学可以使教师与学生之间形成一种互动的关系，使得学生能够主动参与到教学活动中来。通过运用多媒体技术，将教学内容转化为动态化和形象化的教学内容。通过运用多媒体技术，有针对性地进行教学，以满足学生的实际需求，并为其提供必要的支持。

（3）通过将计算机资源与信息资源相结合，实现教学管理信息的控制和管理系统的互动，从而在网络平台上实现教学中各个环节的有机结合。在高校教学管理信息化建设中，实现系统的人性化和通信的自然化是一项显著的特点。

（二）高校教学管理信息化建设的应有成效

我国高等教育事业的蓬勃发展促使高校实施教学管理信息化建设，以实现高效、科学、规范的教学管理，为提升新时期高校人才培养质量提供坚实保障。随着教育教学改革不断深入推进，各高等院校也在不断地探索与完善自己的教学管理模式，其中以高校教学管理信息化建设最为显著。因此，对于当前高校教学管理信息化建设所面临的问题，进行系统的梳理和总结，具有重要的比较和参考价值。根据对教学管理信息化建设相关研究资料的深入探究，并结合作者长期从事

此项工作的实践经验得出结论,高校教学管理信息化建设在多个方面均取得了应有的显著成效。

1. 教学管理信息化地位突出

衡量高校教学管理信息化建设成效的重要标志之一,是教学管理信息化在学校教学管理各项事业中所占据的显著地位。教学管理信息化的重要性在于,学校决策层能够认识到信息化对于提高教学管理水平和人才培养质量的重要性,并且能够在教学管理信息化建设中提供必要的政策、组织机构和配套管理制度等软环境支持,以满足教学管理信息化建设的需求。另一方面,在教学管理信息化建设过程中,需要满足物质保障条件,如财力、人力等,以达到教学管理信息化建设的要求。

2. 教学管理信息系统运行效果优良

教学管理信息系统是教学管理信息化建设的关键,其运行效果直接决定着教学管理信息化建设的成败,因此教学管理信息系统的优良运行效果是完善教学管理信息化建设所必须具备的最基本和最重要的特征。要保证教学管理信息系统运行效果优良,必须具备以下几个主要因素。

首先,该软件的技术实施方案非常先进,功能也非常完善,而且用户界面设计得非常友好,使得学习和使用非常方便。此软件能够很好地适应学校的实际教学管理过程,完成各项教学事务的处理,具有高度智能化的特点,可以显著降低教职员工的工作负担,提高工作效率。

其次,学校的信息化组织架构得到了完善,其级别层次较高,校领导担任信息化组织机构的负责人,并设立了专门的机构来处理相关事务。为确保教学管理信息系统在学校教学管理中得到广泛应用,需要建立长期规划和指导机制,以提供强有力的支持。

最后,从配套制度角度来看,学校在教学管理信息化建设方面已经制订了相对完善的相关规章制度,这为教学管理信息化的规范、透明、公正实施奠定了基础。建立健全的教学管理信息化配套制度,能够规范和约束教学管理信息系统的合理使用,确保教学数据的真实有效性,同时也有利于建立各项教学管理服务流程的规章制度,方便教学管理服务信息的发布和接受监督,保障教学管理信息系统长期规范使用的连续性和透明度。

3.教职员工适应信息化工作环境

高校教学管理信息化建设的成功，取决于广大教职员工对信息化工作环境的适应能力和主动参与程度。只有他们成为信息化建设的积极推动者和最终受益者，才能实现教学管理的现代化和高效化。教职员工在信息化工作环境中的适应能力表现为：首先，他们具备高超的信息技术应用水平，能够熟练地运用现代信息技术进行教学活动，并能熟练地使用教学管理信息系统来完成各项教学管理服务事项。其次，应具备出色的信息素养，积极采用现代信息技术进行教学和教学管理服务事项的处理，并愿意接受教学管理信息系统带来的高效、便捷服务。

4.信息化服务比较完善

高校教学管理信息化建设的成功，需要提供全面的信息化服务，以满足高层次的要求。在我国高等教育快速发展的新时期，加强高校教学管理信息化建设具有重要意义。实现高层次的教学管理信息化建设，需要从很多方面做起，高校教育管理者不仅要解决眼下高校教育管理中出现的各种问题，提升高校各个部门的职能，为高校管理工作人员减负，同时也需要为广大师生提供更加广泛的服务，此外也要积极主动使用教学管理信息系统，并欣然接受信息化为高校管理带来的管理成效。

（三）高校教学管理信息化发展趋势分析

1.现代教学管理的发展趋势

（1）教学管理的开放性更强

系统与外界的物质、能量、信息和人员等之间的互动是一种开放性的交流方式。教学管理系统开放就是要打破封闭状态，以适应社会发展要求。

①教学管理环境的开放性

人类所处的环境，是由各种外部因素综合而成的，这些因素共同作用于人们的生活。学校教学管理活动所需的各种客观条件的综合，构成了教学管理环境的基础。在现代社会中，高校教学管理环境具有开放性、多变性和复杂性等特点。随着信息高速公路建设等信息高科技的迅猛发展，高校管理环境发生了翻天覆地的变化，从而对高校教学管理环境产生了深刻的影响。在信息化条件下，高校的教学管理环境呈现出一种高度的开放性，这种开放性主要体现在高校管理大环境的开放性上。由于信息网络技术的迅速发展，高校教学过程中的各种形式的教学活动都可以在校园网上进行。网络已成为管理的重要工具，拥有众多基于网络的管理软件，包括但不限于网络招生和录取系统、网上选课系统、网上就业系统、教务管理系统、多媒体教学系统等，为管理工作提供了高效便捷的解决方案。同时，随着计算机软硬件技术的迅猛发展，网络化程度不断提高，使得高校教学管理人员能够利用各种现代化的办公软件进行日常管理工作。随着时间的推移，高校内部和外部之间的交流方式和手段变得越来越多样化，联系也变得越来越紧密，也更加开放。同时随着信息技术的发展，信息共享程度的不断提高，使得教学管理者能从不同角度对各种教学资源进行有效利用。在这个开放的环境中，学校行政管理部门和教学管理部门与学校教师、学生之间的距离逐渐缩短。

②教学管理过程的开放性

教学管理过程是一项具有目标导向、多层次、双向互动的动态过程，它通过合理组织教学资源，确保教学目标的顺利实现。这是一个有秩序，可控的程序。因此，要使教学管理达到预期效果就必须对管理过程进行科学有效的控制和调节。在信息化条件下，教学管理过程的开放性体现在多个方面，其中包括但不限于信息技术的广泛应用、教学流程的灵活性、教学方法的多样性以及学生参与度的提高。

首先，课程是开放的。高等教育机构所提供的课程不仅限于本校，还可向全球范围内的学生提供在线学习资源。全球范围内，麻省理工学院已经提供了数以千计的免费课程，为广大学子提供了优质的学习资源。此外，我们的学生还可以在其他高校选修课程，并通过不同的方式实现学分互换。1999年，根据资源共享、优势互补、平等互利、互相促进的原则，武汉地区教育部直属七所高校（包括但不限于武汉大学、华中科技大学、华中师范大学、武汉理工大学、中南财经政法大学、中国地质大学、华中农业大学）达成了联合办学协议。辅修专业、第二专业学士学位可供学生跨校攻读，而跨校选课和学分互认制则允许学生在经过认可的学校修读教学要求基本相同的课程，所获得的学分可以被学校认定为相应课程类型的学分替代。

其次，学籍管理的公开性。在教师的指导下，学生可以自主选择所学专业和选修课程，并根据一定的规章制度进行灵活调整。

最后，教学过程是开放性的。这一切都为教师提供了更为广阔的教育活动空间，使其能够根据不同层次学习者的需求，灵活地设计教学活动。教师和学生都成了这个虚拟系统中不可分割的一部分，并且随着时间的推移而不断发展变化着自己的角色。随着高校教学与虚拟世界的紧密融合，我们也在积极地与真实的外部环境互动，以实现信息的即时交流和互换。这种动态的发展过程必然会带来教与学之间关系的改变。在这个开放的教育系统中，教学过程不仅仅是知识的传递和转移，而且通过丰富的资源开放，帮助学生掌握学习技巧，并在此基础上创造新的知识和技能。因此，在这一系统中教师可以利用先进的信息技术为自己提供新的服务和手段。在教学过程的数字化和多元化的背景下，学生将有机会在此系统中自由地流动。

（2）教学管理的合作性更强

随着信息技术的不断进步，互联网技术越来越成熟，国家、组织、机构和个人之间的交流将更加便捷，计算机也被广泛认为是加强协作的重要工具，他们之间的合作将更加紧密，合作的效果也将更加显著。随着信息流量的增加和流速的加快，不同机构、组织乃至国家之间的界限正在逐渐消失，这是世界网络密集化的必然趋势。在当今信息化时代，合作已经成为国家、组织、机构和个人之间不可或缺的常态，而高校的教学管理也不例外。

①高校教学管理与社会之间的合作

传统高校的教学管理与社会的合作因通信技术和信息技术发展不充分而受到限制，导致高校与社会之间的信息反馈缓慢，合作的范围和力度也受到限制。随着网络技术与计算机技术的发展，高校与社会的关系发生很大变化，它已经不再是单向的学校和学生间的简单交流，而是在更高层面上进行互动与合作。随着通信技术和信息技术的迅猛发展，高校与社会之间的联系日益紧密，合作范围也日益扩大，这为高校的教学管理提供了有利条件。因此，加强高校与社会的交流与协作就显得十分重要和迫切。高校毕业生的素质、用人反馈、不同类型人才的需求、资金投入以及研究成果的利用等方面，都需要社会通力合作，共同推动高校的发展；从学校方面来说，在教学过程中要加强学生之间、师生之间的沟通以及建立起新型师生关系等也需要高校与社会进行广泛的协作。在社会层面上，高校需要紧密协作，以满足毕业证书查询、高校人才培养需求和规格以及积极应用高校研究成果等方面的要求。在这种情况下，高校就必须建立起适应现代高等教育发展要求的信息管理系统，以满足教学过程和学生学习活动的需要。当前，许多高等教育机构与一些软件公司合作，共同研发适用于学校教学管理的信息系统，同时这些企业也融入高校教学管理中，汲取管理经验，用于自身软件开发，这是一个极佳的范例。

②高校教学管理各部门之间的合作

随着信息化条件的不断发展，高校之间的协作已成为提高教学管理效益和质量的必然选择。在此背景之下，高校之间的协作模式也发生着变化。高校之间的交流与沟通已经得到了信息化这一全新的工具的有力支持。利用信息技术进行信息交换和共享已成为当前我国高等教育发展的必然趋势。传统高等教育机构之间的协作方式主要包括电话、书信、会议等多种形式，这些方法既费时费力又不安全。随着时间的推移，高等教育机构之间在教学管理方面的协作范围日益扩大。随着信息技术和网络技术的发展，高校间教学管理的形式发生着变化，如网上预约上课、远程授课、远程教育……这些新型教学方式为高校间教学管理合作提供了新平台。随着信息化条件下高校学生、教师、课程、学科的日益开放，高校之间的教学管理合作范围不断扩大，涵盖了新生招募、教师聘任、课程开设、学科互通、管理交流和实施等多个方面的合作。

③教学管理部门与其他各管理部门的合作

由于各部门都是独立的个体，在工作中往往需要互相协调配合，因此管理者必须掌握相关人员的基本情况和能力水平等，才能更好地开展管理工作。高校各个管理部门的工作人员之间的协作得到了信息技术广泛应用的推动，而网络则成为他们之间协作的重要工具。在信息爆炸的时代，人们需要更多的信息源来辅助决策。为了应对突发事件，一个部门需要向其他管理部门提出请求抽调工作人员以协助完成任务。

（3）高校教学管理趋向柔性化

相对于刚性管理而言，柔性管理是一种更具灵活性和适应性的管理方式。柔性管理则是基于人性假设而产生的一种全新管理模式。在信息化的背景下，高等教育机构的教学管理呈现出一种柔性化的趋势，具体表现为教学组织机构的柔性化,以及学生和教师管理的柔性化。

①教学管理组织机构趋向柔性化

当前,高等教育机构的规模庞大,机构重叠,呈现出多样性和模糊性的特征,西方模糊教育管理模式认为,这种模糊性是学校和学院这样复杂组织的普遍特征。特别是在社会快速演变和变革的时代,模糊性的特征表现得更加显著。高校缺乏明确的目标和管理程序,导致参与决策的人数难以固定,同时决策结果也容易受到环境变化的影响。因此,高校组织机构应具备一定程度的弹性与柔性,以适应不断变化的外部环境。由于高校正处于信息技术飞速发展、管理环境迅速变化的时期,原有僵化的教学管理组织机构已无法胜任组织管理活动的复杂性和不确定性,因此教学管理组织机构将呈现出柔性化的趋势。教学管理组织机构的可塑性体现在其具有高度的灵活性和可适应性,能够适应广泛的调整范围。目前,我国大多数高等学校都存在着不同程度的教学管理效率低下现象,其主要原因在于教学管理组织结构不合理、缺乏灵活性。首要体现在对教学管理组织目标进行调整的过程中。随着信息化社会的不断发展,高校的管理环境也在不断变化,因此,为了满足多元化的教学管理需求,教学管理组织目标必须及时进行调整和调整。由于新技术的应用,学校内部各职能部门之间的关系越来越紧密,这就要求对传统的管理模式进行改革。随着信息技术的发展和网络技术应用于教育系统后,对教学管理提出了新要求。随着环境的不断变化,教学管理工作面临着越来越多、难以预测的情况,因此,为了快速有效地应对这些突发事件,教学管理部门需要暂时拥有组织和调整管理人员职责的能力。

②教师与学生的管理趋向柔性化

教师与学生管理的柔性化体现在对教师与学生心理与行为规律进行深入研究的基础上,采用一种非强制性的方式,在教师与学生的内心深处形成一种潜在的说服力,使得组织的意志转化为双方的自觉行为。高等学府的教授皆为知识渊博之士,他们思想活跃,接受新知识能力强,善于独立思考。特别是在数字化时代,他们能够快速地从网络中获取所需信息,对事物的认知更加精准,能够准确地辨别是非。这就给学校管理者提出了更高的要求。在教师的授课过程中,我们不能强制要求教师采用单一的教学方法来指导每一个学生,同时,对于教师的教学工作评价,也不能简单地采用统一的标准进行量化或标准化。

对于高校学生而言，灵活的管理方式主要体现在以下几个方面：第一，对人才培养标准进行了灵活的调整。随着社会经济的发展，人们生活水平的提高，高等教育也越来越受到重视，这就要求学校必须为社会输送大量具有良好素质的合格人才。在信息时代，高校需要培养具备多层次和多样化素质的人才，以满足时代发展的需求。因此，高校应根据不同层次的需求来设置专业及课程，并加强教学过程中的柔性管理，使每个大学生都能得到充分的锻炼与提高。第二，教学计划应当具有高度的灵活性。随着信息技术的不断发展，高等教育已经进入了一个网络化、数字化的新阶段。在信息化时代，随着知识更新速度的加快，高校所培养的人才必须具备适应信息社会发展的能力，因此需要制订具有灵活性的教学计划，注重学生能力的培养，并为他们提供更多的选择机会。在选择专业之前，学生可以先在学校接受一定课时的通识课程，然后根据个人兴趣和爱好进行个性化的选择；不同专业的学生在学习同一门课程时，可能会有不同的需求和标准。第三，人才评价具有柔性化特征。目前我国教育中存在着重知识、轻能力和重分数、轻人才素质培养的现象，这就需要建立科学的人才评价体系。我们所追求的并非每一位学生都是杰出人才，而是要求每个学生都拥有独特的专业技能，对于不同学校的学生，我们有不同的评价标准和多样化的评价方式。

③柔性管理在高校教学管理中的特点体现

第一，灵活性。柔性管理最重要的特征是灵活性。在高等教育教学管理中，采用灵活的管理方式可以确保师生之间的正常交流和沟通，确保言谈举止得体，同时更加注重纪律管理，秉持"以人为本"的理念，坚持"以学生为主体"的原则，使纪律更加贴近人性。积极参与优质课堂教学，是学生提升自我管理意识的一种有效途径。

第二，人性化。柔性管理的另一个显著特征在于其以人为中心的管理理念。传统的教学管理方式采用的是一种自上而下的"科学"刚性管理方式，这种方式严重限制了师生的个性化发展，无法满足社会发展的需求。在人性化管理中，必须充分认识到学生之间的差异性特征，坚持因材施教的原则，不断挖掘学生的潜能。在以人为本的原则下，以学生为中心，认可教师在引导方面的主导地位。

第三，多元化。在学校管理工作中，多元文化相互渗透、相互作用，从而使学校管理呈现出多样化趋势。柔性管理的另一个显著特征在于其能够实现多元化的管理方式。首先呈现的是主体的多样性。同时注重发挥学生的主体作用，让其能够积极地参与到教学活动中来，从而达到良好的教学效果。在教学管理中，必须全面考虑学生、教师和学习的多个方面，实现统筹兼顾，同时坚持以人为本，对相关要素进行统筹和协调。其次，进一步推进教学互动的多元化，以促进教学质量的全面提升。再次，完善多元教学模式的运用，通过多样化的教学方式提高课堂效率，增强教学效果，提升教学质量。在教学过程中，必须确保师生之间进行充分的互动和交流。在教学过程中，采用多元化的知识传递方式，建立起师生之间双向循环的知识交流模式，促进学生之间的互动，同时教师也需要实现知识的传递和情感的交流，以构建一个不断变化的、动态的教学管理过程。

（4）高校教学管理趋于虚拟化

在计算机专业中，虚拟指的是由软件驱动而形成的实体，而非以物理形式存在的实体。在计算机应用系统开发过程中，我们经常使用一些虚拟技术，比如虚拟机、虚拟服务器、虚拟数据库等等。例如，VLAN（虚拟局域网）和虚拟主机。虚拟技术是一门涉及计算机科学、网络工程、通信学以及信息科学等多个学科领域的综合交叉边缘性科学技术。在本节中，我们探讨的是一种抽象概念，它与真实的概念相对应，指的是那些在现实中并不存在的实体。虚拟化是一种利用现代高速电子计算机为核心的信息处理设备、相应的软件系统和微电子传感技术进行模拟或创造的虚拟现实，其所呈现的仿真图景与真实世界有着惊人的相似或不同之处。虚拟现实是一种新型的人机交互方式，其目标在于让人们通过对虚拟空间进行观察，来体验虚拟环境下的人与机器之间交互所产生的效果。虚拟现实是一种技术系统，其主要目的在于模拟个体的局部现实世界，以达到更加逼真的虚拟体验。虚拟的对象包括人、物以及各种场景等。

①教学管理的主体和客体的虚拟化

在管理活动中，承担和实施管理职能的人或组织被称为管理主体，这些人或组织包括各级各类领导者、管理者和各种管理机构。在信息化条件下，教学管理主体的虚拟化指的是，当利用计算机和网络进行教学管理时，网络上的管理仅仅是对一个代表自身的数据进行操纵。因此，教学管理人员在网上的表现就是在计算机屏幕上的表现。教学管理客体则是指教学过程本身所产生的信息。教学管理活动的主体并非实体存在，而是一种虚拟的实体，其职责在于完成教学管理任务。

信息化条件下的教学过程是以数字化信息为载体并通过数字化媒介传输到师生头脑中去，因此教学管理客体就是数字媒体所构成的教学活动。网络管理的教学管理主体所面对的对象并非具体的实体或组织，而是由一系列代码、虚拟化的人和符号构成的。教学管理客体是以数字形式存在并通过网络传播的信息集合。在教学管理信息化领域中，教师和学生或许素未谋面，而教学管理人员与教师和学生之间也从未有过面对面的交流，他们所面对的是一系列符号代码。

②教学管理环境的虚拟化

在信息化条件下，高校的教学管理环境是建立在校园网基础上的，而校园网则是建立在互联网空间和现实物理空间之上的一种"虚拟现实"无形信息空间。在这个虚拟的网络空间中，人们得以探索新的活动领域，从而逐渐形成了全新的生活方式、生活规范和思想观念，为人们提供了一个突破传统地域的全新活动空间。这种虚拟性决定了高校的管理环境具有一定的复杂性、动态性。在信息化条件下，高校的教学管理环境呈现出一种高度虚拟化的状态，这种状态本身也在不断地向虚拟化发展。这种虚拟化教学环境对学生学习习惯的培养有着积极作用，使其养成良好的行为习惯。在虚拟化的教学管理环境中，高校综合教务管理系统和多媒体教室管理系统是最具代表性的范例。

③教学资源的虚拟化

所有为实施教学而提供的资源，皆为教学资源。比如，在实验教学过程中，可以使用计算机仿真模型模拟真实物理情景或操作真实设备进行模拟实验。在当今信息化的背景下，许多传统高校的教学资源已经被数字化、虚拟化，不再局限于实物层面。在教学管理信息化条件下的教学过程中，可以借助虚拟的学校、虚拟的教室等资源，以应对教学资源不足。

（5）教学管理的互动性更强

网络具有虚拟性、开放性等特点，它可以使人们在网上实现面对面的交流和互动。网络的重要特征之一是其互动性，通常包括同步和异步两种交互方式。同步控制就是在一定条件下，让不同角色间进行实时和非实时的信息交换或互动。在交流过程中，当双方同时在场时，他们能够及时地进行反馈，这种现象被称为同步交互；异步交互则是交流的一方在没有对方参与下进行的交流。在交流过程中，异步交互指的是双方可以在不同的场景下进行交流，无需进行即时的反馈。

高等教育教学管理的互动性体现在教学管理主体之间、教学管理主体与客体之间以及教学管理客体之间通过不断的双向互动，以完成特定的管理活动。随着网络技术的发展和应用，高校教学管理工作越来越多地采用了计算机多媒体技术，使得信息传输更加快捷、准确，也使教学系统具有更好的交互性。随着计算机技术和网络技术的发展，特别是互联网的出现和普及，使得教学过程中师生间以及教师与学生之间的双向互动成为可能。这种情况对教学管理人员和学生来说既方便又安全。在教学管理主体之间，若一方有任何指令或要求，可随时在网络上发布命令或留言给特定个人，避免干扰另一方的工作。因此，网络技术和计算机技术对教学管理产生了巨大影响。教学管理的主体与客体之间，以及教学管理部门与外部世界之间，同样存在着一种相互依存的关系。

2. 教学管理信息化的发展趋势

（1）数字化

在教学管理的过程中，数字化数据如课程学时数、教学工作量和学生成绩等，使得对其进行分析和管理变得更加容易。对这些数据进行管理可以通过计算机实现。然而，在教学管理领域，仍然存在大量未数字化的数据，如上级指令、教学规划、教学效果、教师水平和教学质量等，这些数据需要进行数字化处理，将物理信息，如文本、图像和声音转换为数字格式，并进行录入、处理和传播。数字化信息系统的广泛应用，使得教学管理的各项事务得以以数字化的方式呈现。因此，将数字化信息管理引入高校管理已是势在必行。以往，教务管理人员需要手工收集各教学部门的数据和报表，但现在校园网的信息流动已经取代了他们的职责。随着计算机多媒体技术及网络通信技术的发展，使得学校对各种教学资料的管理更加容易。将教学管理文字信息转换为数字形式后，其分类、复制和存储变得更加便捷，不再需要将其存放于文件柜、卡片箱或笔记本中。学校在网上建立自己的管理平台，实现与外部系统的数据共享，也就成为可能。

（2）网络化

现代信息系统使得教学管理信息传递方式得到了现代化解决，教学管理部门通过计算机网络成功实现了信息交流和知识共享的目标。首先，网络化首要是建立一种基于客户端/服务器模式的教学管理网络平台，它能够使学校的各个教学单位、所有的教研室、教务处以及其他相关职能部门通过校园网联网，从而方便地实现文件传输、资源共享和信息查询。其次，校园网是一种计算机网络，它将学校内各个院系、职能部门的计算机连接起来，以集成教师管理、学生管理、教学计划管理、考试管理、课程管理和招生管理等多个教学管理子系统，并实现这些系统之间的数据交换和流通。网络化不仅涵盖了局域网、校园网和整个互联网的全面互联，还包括了相互联系、交流和共享的多种形式。教学管理者与社会大众直接面对面交流，以便更直接地了解彼此的想法和观点。

（3）智能化

借助多媒体、人工智能和数据库等尖端技术，结合计算机网络，现代教学管理信息系统构建了一个智能化的教学管理环境。系统主要由教学资料管理模块、学生信息管理模块、教师资源管理模块、成绩分析与统计模块五部分组成。系统具有较强的开放性、可扩展性和可维护性，可以满足各种不同类型的教学要求。系统通过各种传感器采集学生学习状况及教师教学情况的数据并存入到相应的数据库里，根据不同类型用户需要，实现了各类信息管理功能。通过智能化模块软件程序，教学管理中的教学任务子系统和教学行政管理子系统得以自动生成课表安排和考试安排，从而实现高效的教学管理。通过教师个人或集体备课及上课情况等各种数据，可方便而快速地完成整个教学活动的规划与实施。这种信息处理能力使系统在处理不确定信息方面有了新的突破，从而提高了管理水平。

二、教育信息化背景下高校教学管理机制构建的路径

（一）加强信息化基础条件建设

（1）加强信息化基础设施的建设，是提升数字化转型能力的必由之路。在信息化的教学管理中，必须以校园网网络平台为基础，并加强对现有网络的优化升级，以克服网络速度瓶颈问题。学校领导应把网络规划工作列入重要议事日程。加强与电信运营商的沟通，进一步协调、解决跨网访问所带来的诸多问题，以确保信息交流的高效性和可靠性。建立起一套完善的网络安全体系，保证网络的安全运行。加强网络管理队伍的技术力量，实现"三分技术，七分管理"的目标，是确保校园网络充分发挥作用的关键所在。如果我们不能对其进行有效的管理和控制，那么一旦有黑客入侵就会造成严重的后果，甚至影响到校园网络系统的正

常运行。由于网络是一个开放的世界，存在着各种潜在的威胁，网络建成后由于管理不善而导致网络应用能力下降的情况屡见不鲜。因此，学校必须加强网络管理的技术实力，特别需要由技艺精湛的高级人才来领导和管理整个校园网络，以确保网络访问和数据传输的顺畅和高效。为了更好地为校园网络管理提供服务，我们需要定期为现有的网络管理人员安排学习和培训，以提高他们的技能水平。

（2）当前，高校信息化的发展趋势在于对全校信息资源进行整体规划和建设，以建立全校数据中心。建设数据中心不仅可以优化资源配置，还可以实现资源的一体化管理和维护，从而提高资源利用效率。

（3）关于软件方面的建设，指的是对教学管理信息系统的功能进行进一步的优化和升级，以提高其效率和性能。为了加强与高校管理人员、教师、学生以及最终用户之间的沟通，我们需要整合学校的软件研发技术力量，组建更为强大的技术开发团队，并加强相关院系和部门之间的合作；另外还要对原有系统进行适当调整，以适应新时期教育发展的需求，如加大网络课程资源的力度，提高课件质量等。在考虑自身能力的前提下，我们采用了"自主研发"和"技术引进"相结合的策略，以确保学校能够自主完成自己的任务，同时也不排斥外部专业软件公司的技术力量。[①] 为了提升软件的功能完备性、稳定性、可靠性、智能化程度以及决策支持能力，必须采用多种手段和方式进行优化。

（二）完善信息化建设组织构建，突出顶层设计

要推进任何一项重要工作，都必须建立一个完善的领导组织机构来提供支持。高校教学管理信息化建设是一项系统性工程，涉及学校教学和人才培养的全局，不能由任何一个部门单独完成，需要全校各相关部门共同协作，二级院系积极落实，广大教学管理人员和教职工广泛参与。

要在教学管理信息化建设中实现各部门和人员的有机组合，形成高效的信息化建设整体推进网络，需要学校领导层面突出顶层设计，作为引导教学管理信息化建设的核心，同时建立一个完善的领导组织架构，负责协调和解决教学管理信息化建设过程中的具体问题。

---

① 李春阳.高校教学管理机制的改革创新[J].中学政治教学参考，2020（22）：97.

学校领导层面的顶层设计在教学管理信息化建设中得到了突出，这是学校决策意志的有力体现，能够确保此项工作的重要性和权威性，从而大大减少了在各部门、各环节推行过程中所遇到的阻力。建立完善的领导组织架构，对于高校教学管理具有所要的作用，它可以极大程度上明确各部门在教学管理信息化建设中的角色和任务，确保职能部门之间、二级院系之间的横向协调，以及职能部门与二级院系之间的纵向协调，从而避免在教学管理信息化建设实施过程中部门之间、院系之间的相互推诿。

通过学校领导层面的顶层设计和完善的领导组织架构，教学管理信息化建设得到了机制上的保障，这是学校决策层的集体意志，确保了政策的连续性和完整性，从而有效避免了因个别领导更换而导致整体建设进程受阻的情况。

（三）加强宣传，促进广大教职员工广泛参与

高校教学管理信息化建设的最终目标在于为教学管理人员、教职员工和学生提供服务，要实现理想的建设效果，不仅需要各职能部门和二级院系的积极贯彻落实，还需要基层教职员工广泛参与。

由于传统的管理模式和经验已经深入人心，广大教职员工对教学管理信息化建设的接受度较低，需要经过一段时间的心理认同和操作熟练的过程，才能真正适应新系统的使用，提高对教学管理信息化建设的关注度和积极性。但是，仍有部分人对教学管理信息化建设持怀疑和抵触态度，需要通过教育和宣传来消除这种负面情绪。为了应对这种不利的局面，各高校需要采取多种方法来增强对教学管理信息化建设的宣传力度，引起教职员工对信息化建设的关注，并积极听取他们的意见和建议，及时回应，以便让他们感受到学校对他们参与教学管理信息化建设的重视和尊重，从而更愿意积极参与到教学管理信息化建设中来。

不能仅仅通过发放文件或发布通知来完成宣传策略和宣传方法，这种死板僵硬的方式容易让教职工感到被迫参与教学管理信息化建设，宣传效果不佳，甚至可能产生反效果。各大学应该采取积极的引导政策，鼓励教职员工积极参与教学管理信息化建设，对那些在此方面表现出色的人给予适当的奖励和表彰，并广泛宣传他们对教学管理信息系统的积极评价。以点带面，让教职员工全面了解教学管理信息化建设的意义，认识到使用教学管理信息系统将为个人工作和学习带来

的方便，鼓励广大教职员工积极参与到教学管理信息化建设的进程中。

此外，在教学管理信息化建设中，广大教职员工所提出的意见和建议应受到各高校的高度重视，并应及时给予积极的反馈。对于教学管理信息系统的试用推荐，必须根据广大教职员工的试用情况及时进行相应的优化和改进，以确保系统的有效性和可靠性；对于一些重要模块可以考虑采用第三方开发，使其更具灵活性，从而更容易为广大教职工所接受。一旦系统正式启用，就必须不断收集高校教职工的意见，并在此基础上对现有的系统进行不断完善、升级，从而确保系统在运行和维护工作中的高效运行。

（四）健全教学管理信息化相关配套制度

目前我国部分高校在教学管理信息化建设方面投入了大量精力，但是由于缺乏相关的配套制度，导致教学管理信息系统的运行存在一些不规范使用的问题，这些问题损害了教学运行数据的真实性和有效性，从而影响了教学管理信息系统的运行效果。因此，要完善与教学管理信息化相关的配套制度，在教学管理信息化建设中做好配套工作。

在教学管理信息系统的技术实施层面，需要制订规范的系统运行数据信息编码规则，以确保教学运行数据处理的一致性和规范性，避免数据格式混乱和数据内容含义不清晰对系统运行后期的数据统计分析造成影响。

制订教学管理各项配套制度，可以在教学管理信息系统运行方面进行管理，确保教学管理信息的使用符合规范和约束，从而保障教学管理信息系统的规范、透明和公正运行。建立规章制度，对教学管理服务事项的办理流程进行规范化，以便于向外发布相关服务信息并接受监督，从而推动教学管理信息化建设的规范化、有序化和持续化，确保教学管理工作顺利开展。

（五）缜密调研，创建合适的教学管理信息系统

在教学管理信息化建设过程中，信息系统的创建是至关重要的基础性工作，其科学、合理、先进、运行状态良好，是确保教学管理信息化建设取得良好成效的重要保障。同时教学管理系统的建立，不仅能够提高教师工作效率与质量，而且还能为学生学习提供更好的帮助。相反，它对教学管理信息化建设所带来的负面影响也显而易见。

高校教学管理信息系统的建立是一项庞大而复杂的工程，需要耗费大量时间和精力，实施难度也很大。因此，在进行高校教学管理信息化建设时，应该仔细考虑并认真实施，不能轻率行事。为了确保教学管理信息系统的最终成功运行并取得积极良好的应用效果，避免在系统创建过程中浪费大量的人力、财力和时间，必须在系统创建前充分调研、合理规划，并且切忌盲目投入。

在创建教学管理信息系统之前，必须进行仔细的调查研究，一方面需要准确地梳理学校的办学定位、教学管理模式和管理流程，同时还需要详细统计分析学校的各种办学资源，以便全面了解学校的整体情况。在建立教学管理信息系统软件平台的过程中，我国的高校有些采用自主研发的方式，但大多数高校则通过购买商业软件系统来实现。因此，对于后者，我们应该充分比较测试现有商业软件系统的功能与学校实际教学管理运行情况是否相符。虽然前期的调研时间可能会变长，但我们应该尽力避免购置后软件系统与学校实际管理情况不匹配的尴尬局面。

当前我国许多高等院校都已经建立起相应的教学管理系统来管理日常教学活动，但是由于这些系统大多处于建设初期，没有经过长时间的试运行，已出现一些问题。因此，在构建教学管理信息系统时，必须进行周密的规划，尽管学校未来的发展趋势难以预测，但必须对学校的规模、教学改革和教学管理流程的调整进行必要的综合考虑和合理规划。同时还要结合当前高校信息化建设的现状，及时地将各种新技术与现有信息系统相结合，并通过多种渠道收集信息资源以提高系统功能的可用性及扩展性。为了确保教学管理信息系统的长期稳定运行，必须在短时间内对其进行重大修改或重新创建，以避免因学校情况变化而带来的巨大浪费。

（六）强化培训，提升教职员工信息化建设参与能力

高校教学管理信息化建设的核心在于教职员工，他们不仅是最终受益者，更是推动教学管理信息化建设的主力军。教学管理信息系统的先进程度虽然重要，但其效率的发挥最终取决于教职员工的积极参与和正确使用，同样，创新的教学管理制度也必须得到他们的规范贯彻执行才能真正发挥作用，因此，教职员工参与信息化建设的能力是决定教学管理信息化建设高度的关键因素。为了解决当前广大教职员工在信息化建设方面参与能力不足的问题，必须加强对他们在信息技术应用和信息素养方面的培训。

首先,对于高校教学管理人员而言,他们的队伍不仅包括学校教学管理职能部门的工作人员,还包括各基层教学单位的教学管理人员。他们不仅是教学管理信息化建设成果的主要受益者,还是推动教学管理信息化建设的核心力量。教学管理信息化建设的推进,对教学管理队伍的信息化能力和素质提出了全新的要求,只有这支队伍的信息技能和信息素养得到提升和稳定发展,才能够确保教学管理水平的提高和信息化建设成果的显著。加强对教学管理队伍的信息技能和信息素养培训,让教学管理人员在掌握本校教学管理规定和流程的基础上,更加注重提升他们对信息化管理的适应能力,以便他们能够熟练运用信息技术处理各种复杂的教学管理事务。高校的教学管理工作是一个复杂且需要处理大量细节的工作,只有经过长时间的实践才能胜任这项工作。任何团队的发展都不可避免地会有人员的流动和变化,教学管理团队也不例外。然而,在信息化建设方面,我们需要一批具备良好信息素养和高水平信息应用技能的实际教学管理经验丰富的人才来推动发展。因此,维持教学管理团队整体信息化素质的稳定发展就显得尤为重要。只有通过不断加强教学管理人员的培训,才能保持教学管理队伍的稳定。

其次,高校普通的师资队伍所具备的信息技术应用能力和信息素养水平,将直接影响到教学管理信息化建设的成效,这一点不容忽视。因为大部分高校的规模正在迅速扩张,所以教师队伍也在不断增加,但是其中一些教师可能需要更多时间来适应信息化的教学管理环境。为了促进现代教育教学思想的普及和推广,我们需要开展全员信息化教学培训。通过这样的培训,我们可以帮助那些受传统教育思想影响较深的教师,尽快接受并理解现代教育教学思想,加强他们对信息化教育理念的认识,弥补他们在信息素养方面的不足,并培养他们在教学工作中自觉使用教学管理信息系统的能力。另外,对于信息技术应用水平不高的教师,需要开展针对性的信息技能使用培训,采用多种形式和教师喜好的方式,以提高他们在处理各种教学事务时使用教学管理信息系统的能力。

通过向广大教职员工提供信息素养和信息技术应用技能方面的培训,可以提高他们参与教学管理信息化建设的能力,从而实现教学管理信息化建设的全面推进,确保其顺利实施。

（七）以人为本，突出信息化服务

高等教育机构实施教学管理信息化建设的目标在于推进高等教育教学管理的现代化和科学化，提升教学管理水平和教学服务质量。高校实施教学管理信息化建设应遵循以人为本原则。因为高校教学管理信息化建设的管理和服务对象都是人，所以人是该建设的起点和归宿。在高校教学管理信息化建设中，必须坚持以人为本的原则，充分尊重广大教师、学生和教学管理人员的主体地位和自主价值，不仅要解决教学管理人员在教学管理过程中所遇到的各种问题，更要确保高校最广大的群体——普通教师和学生，能够从教学管理信息化建设中获得更多实际、人性化、高质量的服务。

制订教学管理信息化配套制度时，必须充分考虑到广大教师和学生的实际需求，应该坚决下放该下放的权限，不应该约束的也要坚决不约束，同时摒弃传统教学管理制度中不合理、不科学的僵化规定，贯彻人性化思想，确保信息化配套制度的制订全过程更加科学、合理。改变教学管理部门的工作职责，一方面致力于实现管理目标，同时提供高质量的教学服务；另一方面，通过提高教学服务水平，推动教学管理水平的提高和改进。

将人作为核心，是管理领域中最为崇高的理念，同时也是高校教学管理信息化建设向更高层次发展的不可或缺的方向和目标。

（八）建设"文化"的信息化校园

大学校园的存在，为我们这个时代注入了丰富多彩的文化元素，成为一道绚烂多彩的文化风景线。随着高校扩招和教育教学改革步伐的加快，校园文化也随之呈现出百花齐放、百家争鸣之势。然而，在数字化浪潮的不断冲击下，这条景观线将经历何种演变呢？我们需特别留意哪些事项？在数字化时代的背景下，对于校园文化建设，我们需要进行深入探讨。

所谓校园文化，是指校园内每个人所拥有的独特的文化背景和价值观。在校园内外的互动中，校园人形成了一种独特的生存方式，这种方式体现了他们的价值观、情感表达和信仰。①

---

① 万新恒.信息化校园：大学的革命[M].北京：北京大学出版社，2000.

学校的精神文明建设中，校园文化扮演着至关重要的角色，是学校教育不可或缺的组成部分。校园文化建设在教育引导、创新激励和自我成才引导等方面发挥着重要作用。随着社会经济的迅速发展，我国各高等院校都非常重视自己校园文化氛围的营造，把校园文化建设作为提升院校整体水平的重要途径之一。1931年，梅贻琦先生提出了一个对中国大学影响深远的理念，即大学不是指拥有宏伟的建筑，而是指拥有卓越的学术成果和卓越的学术成就。[①] 这表明高校校园文化是高等教育中不可或缺的有机组成部分，先进的校园文化建设成为学校发展和进步的重要体现，直接推动了办学效益的提高。

随着 20 世纪 90 年代中后期信息技术的迅猛发展，社会的信息化进程进入了蓬勃发展的新阶段。人们对于信息的需求也从单一、有限的获取信息方式向多元化方向转变。随着时代的变迁，信息技术，特别是互联网技术，已经深刻地渗透到高校校园生活的各个角落，校园人开始领略到数字化生活的魅力，曾经的传统教学管理，现在都已经实现了信息化的转型。与此同时，作为一种新兴事物，校园文化也正在悄然发生着巨大而深刻的变革，并且呈现出多元化、个性化和国际化的特点。随着信息化的深入发展，我们必须认真思考一个新的问题：校园文化所蕴含的意义是何等的深远和广泛？因此，探讨信息化对校园文化所带来的冲击已成为校园文化领域的一个新议题。毫无疑问，当代校园文化已经深度融合了信息化元素，形成了一种有机的整体。

就目前的情况而言，信息化对校园文化的影响可以归纳为两个方面：其一，从技术的角度来看，信息化已经使得校园生活逐渐向基于信息化网络平台的方向转变，这将对校园的生活方式、行为特征等方面产生深远的影响。目前，高校教师的排课和学生的选课已不再需要手动操作，而是通过教学管理信息系统进行管理；同时越来越多的学生选择以电子稿件的形式向老师提交作业，并通过网络与老师和同学进行问题讨论。这些改变都会在很大程度上推动着传统的教学方式和学习方法的变革，从而促进校园文化建设。其二，从校园人的视角来看，信息化的进程也在塑造着他们的内心世界、价值观和外在行为方式。教学论坛为教师提供了一个展示其思想和内心世界的广阔平台，让他们得以充分展现自己的才华和潜力；随着学分制教学管理改革在信息化背景下的推行，同学们在一起面对面学

---

① 眭依凡.大学的使命与责任[M].北京：教育科学出版社，2008.

习交流的机会相对减少，传统的班集体概念逐渐淡化；学校与家长对学生信息素养教育重视程度的提高，促进了家校合作机制的形成。

如何应对信息化对校园文化所带来的冲击，这是一个需要认真思考和探索的问题。在探讨网络化与人类社会文化的相互关系时，有学者提出了"网人共生"的理念，即人类应该以正确的态度看待和处理"网与人"的关系问题，并在此基础上为人类未来的生存方式开启前景。秉持一种"共生"的理念和实践，或许是人类在理性和智慧上做出的一项更为明智的抉择。在未来的世界中，我们需要建立一个以人为中心的网络生态系统，以此为基础来推动人类未来的生存方式；同时，这种以"网人一体"为目标取向的生活方式也必将对整个人类社会产生深远的影响。在网络社会中，将"网人合一"视为至高无上的价值和理想，是我们应该追求的至高境界。

在当今日益信息化的高校校园中，我们期望学生们不仅能够适应信息技术给生活所带来的变化，更能够在信息技术所创造的全新校园生活环境中获得更好的体验，成为一个具有"新校园人"和"信息校园人"特质的人；从另一个角度来看，校园人也能够有效地应对信息化所带来的一系列负面影响。在当今日益数字化的生活中，赋予信息化以更为积极的文化内涵，以实现信息化与校园文化的和谐共生，从而在信息化校园的平台上开创一种全新的校园文化格局和校园文化气象，为校园人提供更加美好的校园人生。信息化是一把双刃剑，它可以为高校提供丰富多样的教育资源和便捷高效的服务手段，同时也可能产生一些负面效应。高校校园的人际交流逐渐减少、人际关系逐渐冷漠，这并非源于信息化建设，我们希望高校校园不会仅仅是由冰冷的建筑和网络世界所构建的"文化荒漠"。

第三节　新时期高校教学管理模式创新研究

党的十八大以来，高等教育改革成为我国教育改革的重要内容，是构建中国特色教育体系的重要保障。以创新为立足点、以发展为方向，着力于教学管理模式创新，满足教学管理建设需求。

一、高校教学管理中存在的问题

从实际来看，在新的教学环境之下，高校教学管理问题的存在，不利于教育教学改革的推进，也制约人才培养战略的构建。具体而言，高校教学管理主要存在以下几个方面的问题

（一）管理权力过于集中，弱化院系管理自主权

在传统自上而下的管理模式之下，教学管理权过于集中，因为学校集权管理模式，弱化了院系管理的自主权。首先，教学管理集中于校教务处，教务处是教学管理的指挥中心，而院级则作为管理的参与者，以执行者的身份参与其中，显然缺乏教学管理、决策的自主权，院系教学管理难以与实际相结合；其次，教务处教学管理权限集中，繁杂的教务工作，易导致教务处疲于教学监督管理，教学管理服务工作落实不到位。

（二）教学管理民主性不足，缺乏自我管理特色

首先，高校教学管理缺乏民主性，上层设计、下层执行的管理机制形成了僵化的教学管理现状，教学管理缺乏创新驱动，机械性的制度执行难以实现科学有效的教学管理。其次，教学管理缺乏自我特色，同质化问题比较突出。教学管理程式化、模式化，统一性的教学管理方法虽然看上去整齐划一、规范有序，实质上破坏了教学管理方法的多样化，也制约了教学管理模式的创新。最后，教学管理缺乏弹性，人性化管理理念践行不到位，形成了"制度性"管理思维，影响了高校教学管理的创新实践。

（三）教学管理队伍欠缺，教学监督体制不完善

教学管理是高校管理工作的核心，高素质教学管理队伍建设是提高教学管理质量的关键。但从实际来看，高校教学管理一是缺乏高素质的管理队伍，教学管理效率低、质量差，影响教学管理的发挥；二是教学监督体制不完善，教学监督形式化，难以形成切实有效的监督效能；三是教学管理内容单一，尚未实现动态性管理机制的构建，出现教学管理滞后等问题。因此，优化教学管理环境，建立健全教学管理机制，是推进教学管理模式创新的重要保障。

二、新时期高校教学管理模式的创新意义

在新的历史时期,教学管理模式创新是高校教学管理建设的内在需求,是完善管理内部体系的重要保障。从发展的视角而言,新时期高校教学管理模式的创新,具有以下几个方面的重要意义。

(一)教学管理模式创新是高校内部管理的内在需求

深化内部管理改革,是新时期高校管理建设的重要基础。教学管理作为内部管理的核心,应注重管理模式创新,以高质量管理机制实现有效管理建设的推进。首先,在新的历史时期,高校内部管理建设应以创新发展为导向,优化教学管理模式创新,进一步适应新时期高校改革发展的需求;其次,高校应从实际出发,提高内部管理效率,通过教学管理模式创新,更好地促进教育教学改革,实现人才高质量培养。

(二)教学管理模式创新是完善管理内部体系的有力保障

随着高校教学改革的推进,管理内部体系的构建是当前促进高校健康发展的重要基础。特别是近年来,随着高校改革的推进,教学管理体系的优化与调整,进一步要求深化教学管理模式创新。首先,教学管理模式创新能够进一步完善管理内部体系的构建,通过管理体系的优化,提高教学管理质量,满足当前高校教学管理建设需求;其次,教学管理体系的构建,能够从实际出发,通过内部体系的创设,进一步提高教学管理与教学建设的契合度,满足新时期高校教学改革的现实要求。

(三)教学管理模式创新是提高教学质量的重要手段

提高教学质量,是当前高校教学管理建设的重要内容。创新教学管理模式,能够为教学质量的提高优化环境,形成良好的教学管理面。一方面,高校应从实际出发,立足教学改革需求,通过教学质量的不断提高,更好地促进人才培养战略的实现;另一方面,高校要适应新的环境,在多元化的教学管理机制中,通过高效、高质的教学管理模式,更好地提高教学质量,实现新的改革发展。教学质量的提高,是教学管理模式创新的核心,也是促进教学改革发展的重要保障,应在教学改革的实践中得到具体落实。

三、新时期高校教学管理模式的创新策略

更好地满足教学管理的改革需求，促进高校教育教学改革发展。具体而言，可从以下几点展开。

（一）合理分配教学管理权利，构建多元化管理机制

高校应转变权力过于集中的问题，为教学管理的多元化构建，创设良好的内部条件。一是合理分配教务处与院系之间的教学管理权利，通过灵活的教学管理模式，提高各院系在教学管理中的权利，更好地提高教学管理质量；二是提高教学监督管理力度，构建以"教务处"为主导的教学监督机制，有效调动各级教学管理力量，更好地服务于教学管理建设；三是转变传统教学管理思维，通过多元化管理机制的构建，更好地适应新的管理环境。例如，在财、物等方面，学校一级应适当给予各院系权利，用于各院系基于实际需求，用于教学管理建设所需；四是建立自上而下的互动交流机制，便于教务处与各院系之间在教学管理中能够形成上下联动，更好地提高教学管理效率，满足教学管理需求。

（二）坚持以人为本，促进教学管理民主机制构建

坚持以人为本，是创新教学管理模式的着力点，也是促进教学管理民主机制构建的重要保障。面对当前高校改革的新环境，应坚持人本理念，提高教学管理弹性，以更好地满足教学管理建设需求。首先，转变传统教学管理模式，构建弹性教学管理机制，通过人性化教学管理建设，能够更好地实现教学管理角色的转变，从过去管理角色向服务角色方向转变，更好地发挥教学管理职能；其次，转变教学管理观念，增强教学管理的民主性。传统硬性管理模式，难以形成和谐、有序的教学管理环境。通过民主化教学管理构建，能够更好地立足教学需求，通过教学管理服务，更好地促进教学质量的提高，实现综合型人才的有效培养。

（三）加快教学管理人才建设，提高教学管理水平

当前，高校在教学管理人才方面，缺乏高素质综合型人才，对人才的需求量较大。为此，一是，要加快教学管理人才建设，通过提高综合型人才的能力，以更好地壮大当前的教学管理队伍，有效提高教学管理水平；二是，制订教育培训机制，通过教育培训等方式提高教学管理专业水平，更好地满足新时期教学管理的岗位要求。

第六章 高校科技创新

本章详细探讨了高校科技创新的多个方面,包括高校科技创新机制的构建、高校科技创新团队的管理以及高校科技创新成果的管理,共分为三个部分进行阐述。

第一节 高校科技创新机制建设

"创新"乃是人类思维和实践活动所呈现出的独特方式和方法,其创造性与前人或超越自我的特质不同,而其所产生的成果则在实质性上得到了显著的提升。在现代社会中,创新已成为一个国家综合国力竞争的焦点之一,也是每一个公民所应具备的基本素养。创新是民族进步的灵魂,是国家兴旺发达的不竭动力。随着时代的演进,创新已成为不可或缺的重要元素。

一、提高高校创新能力需要建立有效的运行机制

随着现代科技的高速发展,科技组织形式也在不断变革,传统的管理方式已经无法满足科技创新的需求,因此人们开始探索组织创新和动态管理,注重协同各要素,这是管理体制所无法解决的问题,寻求有利于科技创新的新机制已经成为时代的必然。

机制最初指的是制度、规则、程序等的组合,用于实现特定的目标或效果。生物学和医学后来采用类比的方式使用这个词语,以分析生物功能为目的,需要了解其内在的工作方式,包括结构组成部分之间的相互关系以及这些组成部分变

化之间的相互联系。只有阐明生物功能的机制，才能真正了解其本质，而非仅仅停留在现象的描述。

高校科技创新体系是一个庞大的系统，它由多个子系统及其运行机制组成，这些机制按照功能不同被分为很多类别，如创意的产生和实现机制、投资机制、决策机制、评价机制、监督机制、分配机制、行政管理机制、人才培养机制、成果转化机制、人才使用机制、后勤服务机制和实验室运行机制等。这些机制健全与否对于促进创新的涌现具有重要的作用，因此高校创新机制也是知识经济中的重要资源或要素。

举个例子，近年来，为了鼓励人才的流动，高校采用了竞争机制。一些高等院校开始逐步实行科研人员全员聘用制度，按照需要设立岗位，优选配置各类人才和学术带头人，并在国内外进行招聘，同时给予一定的财务和人事权力，其他员工也可在一定范围内进行考核录用或竞争上岗。一般来说，研究人员必须具备研究思路，并且能够承担课题任务，才能被聘用。

尽管高校可以依靠人才流动的机制，但这并不足以满足其需要。在高校内部，有许多科研小组和科研机构，现代科技创新趋势是集体创新，因此需要培养集体的核心能力。为了促进高校内部各个创新组织之间的沟通和知识流动，我们提出了一个有利于此的机制构想。

二、构建有利于校内机构协同的权益机制

根据协同理论，一个系统向有序方向发展的必要条件在于，系统内各要素能够持续地协同作用，以实现一定的意义和目标。在这个前提下，任何系统都会出现协同效应。若缺乏协同，系统将逐渐式微，而创新元素的协同则包括学科、机构和方法等方面的协同。在高校内部建立科学的管理与运行机制，使其形成良好的协同效应，对于提高学校整体水平有着重要的作用。在探讨机构协同问题时，我们提出了一种校内权益制度的设想。

大学作为知识的聚合和交流中心，是知识传播和创新的重要平台，在以知识为核心的经济中发挥着重要作用，为知识的传承和发展提供了坚实的基础。大学内部知识的良好流通能力，对于促进社会知识的共享和传播具有至关重要的作用。只有在各个科研机构之间建立起紧密的合作关系，才能实现这一目标。

协作必须基于自愿，因此我们需要先研究创新机构的内部需求。

成长是一个创新机构的内在需求，这是因为根据耗散结构理论，物质的运动总是朝着无序的方向运行，如果一个系统想要进化发展，就必须不断吸收外部的负熵。只有通过创新和不断学习成长，一个创新主体才能满足自身内在的需求，同时也能为外部社会做出更多的贡献。为了让高校内的科研机构长期保持创新能力，必须创造一个有利于科研机构发展的环境，以确保它们的成长。

科学研究活动需要多方面的支持，仅仅资金的支持保证科技活动的运转是不够的。科学家需要关注政治制度、经济制度、社会状态等因素，这些因素与科学的生存和发展息息相关。此外，科学也需要与其他领域如文化等发生联系。在学校内部，要推动科学的发展，需要得到一定的行政权力支持。一个人或群体所拥有的能够指导或影响他人或群体的态度或行为的力量，即为权力。国家机构可以通过制订法律来对个人或群体的行为产生影响，比如说，通过法律禁止某些行为或者要求执行某些行为。企业主可以通过提供经济奖励和激励来影响其员工的行为和工作表现。通常情况下，创新的成功与背后的权力数量、科研管理者所从事的政治活动的效果密切相关，这些因素会导致权力获取和联盟构建，从而影响创意是否能够成功转化为创新生产。而创新失败往往伴随着支持不明确的现象。社会和政治因素可能会对创新的命运产生更大的影响，而不是技术因素。

因此，为了促进科研机构的发展，我们提出了一个高校内部的权益制度，以提供更多的发展机会。

高校权益制是一种制度，通过确定各科研机构在校内的权益分配比例，以量化方式明确各机构在学校内的地位，这种制度的核心是科研机构，它们的权益值随着对学校的贡献而上升或下降。在科研机构中，员工拥有的权益类似于企业内部股权，但并不仅限于金钱形式。这些权益更多地体现为对校内行政权力的拥有程度，如参与学校科研管理的决策权。在高校科技管理中，很多决策是通过集体表决来做出的，科研机构可以根据其所拥有的权益值参与表决，以确保决策对其发展有利。科研机构的权益值是根据明确的标准评定的，由专门的委员会负责。这种方法旨在保证和激励科研机构作为独立的科研主体不断发展和扩张。

如果高校想要推动源头创新，就必须支持年轻科技人才的成长。高校内部的权益制度有助于不同科研机构之间科技能力的交流和传播。成功的科研组织在高校内部屡见不鲜，它们的经验和知识对于提升整个高校的科技能力至关重要。认为新生科技力量的扶持应由行政领导或投资者完成的想法是不妥当的，因为他们对科技创新的具体问题了解不深，也难以提供有效的支持。科技新生力量的扶持需要从多个方面入手，资金并不是最重要的，更关键的是要传播先进的意识形态，包括知识、经验、组织和精神文化等方面。新兴科技领域的发展需要克服前进路上的各种难题，包括外部和内部的阻碍，同时需要学习先进的管理经验，重构知识结构，建立科技核心实力。因此，我们必须通过先进的科技手段来推进扶持工作，建立一种机制，让那些高水平的科研机构愿意向新兴的科研力量传授经验，从而实现以大带小的目标，为可持续发展打下坚实基础。因为校内权益制度的存在，科研机构的发展空间变得更加广阔，它们可以通过对学校的科研管理工作施加影响来确保自身的良好发展，国家也会尽可能争取这种权益。因此，科研机构会愿意与其他新生科研小组分享科研技能，以换取在校内获得一定的声誉和地位，而学校也将从整体科研能力的提升中受益。这一传播方式可以采用多种形式，比如培训、学术交流、资源共享、开放项目等等，而学校也有权规定科研机构流动人员的比例。学校在整体上协调各科研机构的经验传承。

高校内的各科研机构并不是孤立的存在，而是相互关联的。高校管理者应该积极推动各科研机构之间的联系，使高校成为一个联动的机构和一个活跃的系统。通过个别的成功案例来提高整个高校的科研能力，以迎接由社会投资者引导的科技竞争。

进一步加强科技竞争可以通过优化校内权益制来实现。那些拥有较高权益的科研机构在经济和行政方面具有更多的优势，因此更容易获取各种资源，扩大新的发展空间，并处于竞争的有利地位。高校科研实体不断发展壮大，为推动科研能力的提升做出了重要贡献，而那些长期缺乏支持的科研机构，最终将因经济和行政等方面的不足而面临被淘汰的风险。这样一些滞后的研究机构，可以避免长期占用学校有限的资源，而一些先进的研究机构则可以通过更多的行政参与，将学校的科研管理融入其中，从而推动学校的科研工作进入一个全新的管理水平。

总而言之，有效的运行机制是提升高校科技创新能力的关键措施，为了让各科研机构更紧密地结合和协同工作，加强知识的交流和流通，作者建议采用校内权益制，按照一定规则赋予科研机构更多的权力，为其提供更大的发展空间和机遇。

第二节 高校科技创新队伍管理

一、科研管理队伍实现思想观念、机构职能、行为方式的转变

随着市场经济的不断发展，原有的计划经济条件下的管理模式已经逐渐失去了适应性，因此管理队伍必须彻底转变原有的思想观念、行为方式、职能、体制和机制，以适应市场的变化和发展。作为管理者，必须先从内心深处建立一种全新的科研管理理念，并学习掌握新的管理技巧，以适应不断变化的环境，成为一名出色的管理者。

（1）思维方式的转变。在计划经济体制下，管理人员采用的是一种高度依赖上级部门计划安排的管理方式，即在上级部门下达计划的前提下，通过下情上报的方式完成计划。这要求我们必须改变过去那种"等、靠、要"的思想和做法，从单纯依靠上级机关来提供资金到利用市场信息为科研单位提供各种资源，从而使科研成果得到更好的推广和应用。随着市场经济的发展，科研项目在国家计划、横向和联合资助方面的获取方式已经不再适应变化的形势，因此竞争已成为获取这些项目的必要手段。在当前形势下，科研管理的核心任务在于提供全方位、优质的服务，以满足科研人员的需求和期望。

（2）职能的转变。要将从计划经济时期遗留下来的办事机构转型为市场经济条件下的信息服务机构，培养一支现代化的管理队伍至关重要。在市场经济中，科学管理的状态下，信息的重要性不可忽视。管理者如果没有参与市场竞争的意识，就无法及时了解、掌握信息，也无法善于组织协调管理。这样的管理队伍就会失去战斗力，在激烈的市场竞争中失去竞争力。

（3）服务形式的转变。管理机构和管理队伍中的每个成员必须转变其行为方式，从被动的管理方式逐渐转变为主动的管理方式，以适应思想观念和职能的

转变要求。在信息时代，信息是一种宝贵的资源，管理人员需要利用计算机信息处理技术来进行现代化的各类学科管理，同时要了解内部资源和市场需求的情况。如果不能充分利用内部优势并掌握市场动态，就难以在激烈的市场竞争中取得成功。

二、对科研管理队伍实现科学管理

只有在软硬件建设两个方面全面投入，才能提升管理水平，缺一不可。良好的办公环境和现代化的信息管理设施是硬件建设的重要组成部分，只有这样才能为工作人员提供良好的物质基础，让他们更加得心应手，如虎添翼。而软件建设则是提高科研管理水平的核心，因为科研管理的实现是人，人是管理的主体，人的因素在管理现代化中扮演着决定性的角色。强调激发和调动全体成员的积极性，发挥每个人的长处，增强团队的凝聚力、向心力和战斗力，打造适应新形势的科研管理团队。

（1）科研管理队伍的素质和服务技能需要不断提升，只有如此才能适应当前激烈的市场竞争环境。如果科研管理人员仅停留在自己曾经学习的业务知识上，那么他们的素质水平将无法满足新的需求。因此，提高管理队伍群体的素质和服务技能是我们建设新型科研管理队伍的当务之急。因此，为了提升管理队伍的素质，必须选用多才多艺的人才来加入。必须重视对在职员工的素质能力培训，否则就会影响企业的发展。提升管理人员获取信息的能力，使其能够快速适应高新技术的发展和新市场经济形势，成为具备复合型人才素质的合格管理者。

（2）科研管理人员应当以积极进取的态度来管理科研工作。所有成员都必须遵守制度、管理条例、办法等文件，并且还应该遵循科研管理的道德规范、处事方法、思想倾向等的要求。在形成和建立全新的科研管理团队的过程中，潜在的群体力量会对管理成员的自我意识产生影响，使他们达成某种程度的共识，并对每个成员的行为产生无形的自我约束力，进而形成积极向上的行为准则。

（3）建立一个合理的人才队伍结构。在市场经济的环境下，管理人才必须具备科研管理和专业知识，同时积极学习国内外先进的管理经验和方法，以提高管理水平，使管理队伍的群体素质达到合理的结构。

（4）培养竞争意识，同时弘扬合作精神。通过参与各种活动，促进管理人员之间的竞争意识，调动每个人的积极性，增强团队的凝聚力，加强个人之间的协作，使科研管理队伍成为一个充满活力、团结奋斗的集体。

高等教育机构不仅是人才培养的场所，同时也是科技生产的重要场所。它肩负着为国家培养合格人才和发展科技生产力的双重任务，同时还要完成对社会进行思想政治教育、文化传播和科学研究等多方面的使命。在推进我国"科教兴国"方针政策的过程中，应当积极发挥重要的作用。毫无疑问，高校工作的两大核心议题在于教学和科研，而要实现这一目标，必须重视科研管理队伍的建设，这是一个至关重要的环节。目前，世界各国对大学管理人员的要求越来越高，他们不仅具有较丰富的知识与实践经验，而且还要有良好的心理素质、高尚的品德情操以及健康向上的精神状态等素质。成功之路的关键在于培养和造就一批具备创新管理能力的人才，这是西方发达国家和我国成功单位的共同经验。

第三节　高校科技创新成果管理

一、高校科技成果管理中存在的一些问题

（一）管理模式单一

目前我国高校科技成果管理工作的模式基本上是：企业来高校找成果—学校把成果汇编介绍给企业—企业将成果汇编拿回去仔细研究；每年统计教师的科研项目、论文、著作来进行考核和总结；定期参加地方政府举办的科技成果洽谈会。造成这种管理模式的原因是多方面的，有学校体制的原因，也有管理人员个人素质的原因。有些高校科研处的工作人员相对较少，由于精力有限，工作不能全面展开，更谈不上在工作中求创新发展；学校对于科技成果转化的激励机制和分配机制不健全，有的高校甚至没有这方面的政策；还有个别管理人员素质不高，奉献精神不够，对待自己的工作不能够全身心地投入。

（二）科技成果转化率低

高校科技成果转化率低是大多数高校普遍存在的问题。科技成果转化率低与

我国的高校管理体制有很大的关系，一直以来，高校教师都是以教学与科研为主，对科技成果的市场转化和应用不关心。这主要是对于教师来说，一方面学校的职称评定对其至关重要，直接关系教师的切身利益，而且学校评定职称的主要依据就是看专著、论文、科研项目的数量，对于科技成果转化并没有纳入教师职称评定和聘任的范围；另一方面，高校教师科研经费普遍较少，对于一项科技成果要想真正推向市场，必须对这项科技成果进行包装、宣传，对于这方面的经费，学校不能提供，教师自己也没有。这样，教师研制的科技成果就会因为缺少经费而被束之高阁，这就是我国大多数高校科技成果转化率低的主要原因。

（三）信息不对称

对于大多数企业来说，在科研和技术改造方面很想得到高校教师和科研人员的指导和帮助，但由于我国企业制度和管理水平的问题，一些企业方向不明确，不知道通过什么样的渠道与高校科研人员建立沟通和联系。对于高校而言，虽有大量的科技成果，但同样也有着很大的盲目性，不知道自己的科技成果如何转化，具体能应用到哪里去。原因就是高校与企业之间信息不对称，信息不能互通有无。不管对于高校还是企业，这都是要急需解决的问题。

二、高校科技成果管理的创新措施

（一）管理理念要不断创新

现代企业的管理理念要求"以人为本"，对于高校的科研管理来说，在管理过程中必须以学校广大教师的利益为根本，彻底改变过去的"衙门"式管理方式，管理人员应主动地、创造性地开展工作。高等教育科研管理机构的首要职责在于推进科研管理的创新，通过建立完善的管理体制，为高校的科技创新提供有力的保护和鼓励。借助科研管理的创新，最大限度地激发高校教师的科研热情，以促进学校教育教学改革的有序推进。同时，科技成果管理的不断创新，要求科研管理人员观念的不断更新。过去，企业寻求技术合作往往是企业找学校，其中，企业是主动的，而学校是被动的。现在，要改变这种工作模式和管理理念，学校要变被动为主动，主动将学校的最新科技成果展示给企业，这样就增强了工作的主动性，企业也会加强与高校的合作和交流。

（二）管理手段要不断创新

目前大多数高校的科技成果管理手段还是采用传统的管理手段，每年对学校的科技成果进行统计，一方面是要总结当年的工作，另一方面就是为人事部门提供教师考核的依据。在管理工作高度信息化的今天，这种传统的管理手段已经不适应目前的形势，一些高校已经开始探讨信息化管理。

（三）管理体制要不断创新

高校的科研管理体制改革是一个长期的、循序渐进的过程，这与我国的教育体制有着很大的关系。近年来，大多数高校已经逐步意识到学校在科研管理中存在的一些问题，逐步加强了对科研经费的支持和管理，逐步提高了科研管理人员的整体素质，开始重视对科技成果的转化，对于教师当中根据教学和科研能力的不同，有些高校专门设立了科研编制，使科研人员从繁忙的教学工作中解放出来。在科技成果的转化上，有些高校还专门配套了经费，支持科研人员对自己的成果进行包装和宣传，并制订了合理的利益分成措施，这对提高科技成果转化是一项很好的政策。还有的学校非常注重科研经费，对于能够获得科研经费的科研人员，在一些政策上都给予了很大的优惠，这就使得这些老师有精力和时间去企业洽谈项目，展示自己的科技成果。

（四）评价体制要不断创新

长期以来，高校对教师的评价主要是以论文、专著、科研项目为主，教师的职称晋升和聘用也是以这三项为主要标准。当然，仅仅依靠论文、专著和科研项目来评价教师的科研水平和科研能力是非常片面的，也是用人机制的一大缺陷，这往往会使一大批真正有能力的人才流失。要加强高校科技成果的管理，使教师的成果真正走向市场，必须要改革现有的教师聘任和晋升制度，应该按照"转换机制、按岗聘任、优化结构、减员增效"的思路，实行岗位聘任和竞争上岗制度，建立"开放、流动、竞争、协作"的管理机制。[1] 同时，要不断完善岗位考核和评价体系，对竞争上岗的教师进行严格评审、考核和引导，通过有效的激励约束机制，激发教师做科研的积极性，重视对科技成果的转化。

---

[1] 胡瑞.中美研究型大学科技管理体制与运行机制比较研究与启示[J].科技进步与对策，2006（03）.

为了提高科技成果的转化率，迫切需要建立一套与之相适应的科学评估机制，以规范科技评估活动，并形成一套科学合理的激励体系。科技评价是一种以技术为对象，对其进行鉴定、筛选并给予相应奖励的经济行为，它包括定性、定量两种方法。成果的形态和价值是由科技成果的评价方式所决定的，而成果的价值则直接影响着开发或转让的进程。这就要求高校科研管理工作人员在考核科研项目的方式上不能仅仅以"结题"为目标，对于基础科学研究的项目，可以采用结题的方式，而对于高技术研究成果，必须以通过鉴定、授予专利和产生经济效益为主要考核目标。

（五）管理人员素质要不断提高

首先，高校的科技管理工作需要管理团队具备综合素质，其中包括既精通技术，又能够熟练运用现代管理方法和技能；其次，有效的管理人员必须具备对市场经济的敏锐洞察力和高超的社交技巧；再次，管理人员应当具备对问题进行深入调查、系统研究、全面分析、提出问题并解决问题的思维能力；最后，管理者必须具备对科技市场的深入了解，以及勇于创新的思维方式。总之，只有这样才能胜任科技管理的工作，完成科技发展规划所规定的各项任务。[①] 目前，科技管理工作的重任往往超出了现有管理人员的能力范围，因为他们大多缺乏专业培训。这就要求我们必须重视培养管理人员的创新意识，使他们具备较强的创新能力，才能适应新时期经济发展对人才的需求。此外，还要注意培养和使用复合型人才。在当前大多数高等教育机构中，一种可行的策略是引进人才，借鉴公务员引进企业管理人才的方法，从企业和大型企业中引进那些曾经从事商品营销和专利保护工作的管理人才；另一方面对现有管理人员进行专业岗位职责培训，或者从教师队伍中选拔一部分优秀人才充实到管理团队中来。

---

① 董洁，彭惠君.高校科技成果管理工作的思考[J].商场现代化，2005（09）.

参考文献

[1] 颜春杰.新编人力资源开发与管理[M].北京：社会科学文献出版社，2004.

[2] 乔春华.高等教育供给侧改革的财务视角[M].南京：东南大学出版社，2017.

[3] 金贵娥.民办高校财务管理研究[M].武汉：华中科技大学出版社，2017.

[4] 杨松令.基于校院两级的高校财务管理问题研究[M].北京：中国经济出版社，2016.

[5] 吴勋.中国高校预算绩效评价研究[M].北京：中国社会科学出版社，2016.

[6] 彭剑锋.人力资源管理概论[M].上海：复旦大学出版社，2004.

[7] 梁裕楷，袁兆亿，陈天祥.人力资源开发与管理[M].广州：中山大学出版社，2004.

[8] 尉桂华.新形势下高校财务管理若干问题研究[M].成都：西南交通大学出版社，2015.

[9] 金云美.高校财务管理与控制[M].北京：中国经济出版社，2012.

[10] 胡服.中国高校财务管理探索[M].昆明：云南人民出版社，2014.

[11] 戴龙辉.新时期高校资产管理问题与对策研究[J].现代商贸工业，2021，42（32）：94—95.

[12] 孙永亮.新时期高校固定资产管理存在的问题及对策[J].山东广播电视大学学报，2020（04）：76—77+88.

[13] 张艳平.新时期高校科研经费审计中的问题与对策研究[J].审计与理财，2020（06）：54—56.

[14] 欧阳莹.浅谈新时期高校行政管理工作存在的问题及对策分析[J].作家天地，2020（11）：80—81.

[15] 朱倩影. 新时期高校行政管理队伍存在问题及对策 [J]. 科技资讯, 2020, 18（16）: 136+138.

[16] 王飞. 新时期高校科研管理工作问题研究 [J]. 内蒙古财经大学学报, 2020, 18（01）: 104—107.

[17] 乔钰. 新时期高校财务管理面临的问题及解决路径研究 [J]. 会计师, 2019（01）: 29—30.

[18] 祖彬, 陈琬莹. 新时期高校教育教学管理存在的问题及优化对策 [J]. 长江丛刊, 2018（35）: 239—240.

[19] 吴运卿, 胡华杰. 新时期高校院级财务管理问题的思考 [J]. 时代金融, 2018（33）: 146—147.

[20] 王利芳, 张倩. 新时期高校预算管理问题及对策研究 [J]. 财会学习, 2018（25）: 60.

[21] 林平. 高校薪酬管理与改革研究 [D]. 南京: 南京林业大学, 2007.

[22] 周玉容. 教学型大学质量经营: 理论与策略 [D], 武汉: 华中科技大学, 2011.

[23] 章喜明. 基于 TQM 理念的高校院系级教学质量监控体系研究 [D]. 合肥: 合肥工业大学, 2010.

[24] 霍晓亮. 大学教学实施全面质量管理问题研究 [D]. 太原: 山西大学, 2008.

[25] 陈波. 论高校与学生纠纷的非诉讼救济途径 [D]. 上海: 华东师范大学, 2009.

[26] 吕颖. 我国大学生管理中的法律问题研究 [D]. 上海: 华东师范大学, 2005.

[27] 宋雯. 地方高校财务风险管理问题及对策研究 [D]. 长沙: 湖南农业大学, 2014.

[28] 吴龙乐. 高校预算管理信息系统设计与应用 [D]. 成都: 西南交通大学, 2011.

[29] 李瑞青. 河南高校财务绩效评价研究 [D]. 郑州: 河南大学, 2014.

[30] 蔡红梅. 研究型大学本科教学质量保证体系研究 [D]. 武汉: 华中科技大学, 2014.